Guérir l'anxiété de nos enfants

Catalogage avant publication de Bibliothèque et Archives nationales du Québec et Bibliothèque et Archives Canada

Reid, Louise, 1950-

Guérir l'anxiété de nos enfants

3e édition.

(Collection Famille)

ISBN 978-2-7640-2294-8

1. Angoisse chez l'enfant – Traitement. I. Titre. II. Collection: Collection Famille (Éditions Québec-Livres).

RJ506.A58R44 2014 618.92'8522 C2014-940363-1

Groupe Librex inc.
Une société de Québecor Média
1055, boul. René-Lévesque Est, bureau 201
Montréal (Québec) H2L 4S5
Tél.: 514 270-1746

Dépôt légal : 2014
Bibliothèque et Archives nationales du Québec

Pour en savoir davantage sur nos publications, visitez notre site : **www.quebec-livres.com**

Éditeur : Jacques Simard

Imprimé au Canada

Gouvernement du Québec – Programme de crédit d'impôt pour l'édition de livres – Gestion SODEC.

L'Éditeur bénéficie du soutien de la Société de développement des entreprises culturelles du Québec pour son programme d'édition.

Nous reconnaissons l'aide financière du gouvernement du Canada par l'entremise du Fonds du livre du Canada pour nos activités d'édition.

DISTRIBUTEURS EXCLUSIFS:

- Pour le Canada et les États-Unis:
  MESSAGERIES ADP*
  2315, rue de la Province
  Longueuil (Québec) J4G 1G4
  Tél.: 450 640-1237
  Télécopieur: 450 674-6237
  * une division du Groupe Sogides inc., filiale du Groupe Livre Québecor Média inc.

- Pour la France et les autres pays:
  INTERFORUM editis
  Immeuble Paryseine, 3, Allée de la Seine
  94854 Ivry CEDEX
  Tél.: 33 (0) 4 49 59 11 56/91
  Télécopieur: 33 (0) 1 49 59 11 33

  Service commande France métropolitaine
  Tél.: 33 (0) 2 38 32 71 00
  Télécopieur: 33 (0) 2 38 32 71 28
  Internet: www.interforum.fr

  Service commandes Export – DOM-TOM
  Télécopieur: 33 (0) 2 38 32 78 86
  Internet: www.interforum.fr
  Courriel: cdes-export@interforum.fr

- Pour la Suisse:
  INTERFORUM editis SUISSE
  Case postale 69 – CH 1701 Fribourg – Suisse
  Tél.: 41 (0) 26 460 80 60
  Télécopieur: 41 (0) 26 460 80 68
  Internet: www.interforumsuisse.ch
  Courriel: office@interforumsuisse.ch

  Distributeur: OLF S.A.
  ZI. 3, Corminboeuf
  Case postale 1061 – CH 1701 Fribourg – Suisse

  Commandes: Tél.: 41 (0) 26 467 53 33
  Télécopieur: 41 (0) 26 467 54 66
  Internet: www.olf.ch
  Courriel: information@olf.ch

- Pour la Belgique et le Luxembourg:
  INTERFORUM BENELUX S.A.
  Fond Jean-Pâques, 6
  B-1348 Louvain-La-Neuve
  Tél.: 00 32 10 42 03 20
  Télécopieur: 00 32 10 41 20 24

LOUISE REID

Guérir l'anxiété de nos enfants

Sans médicament ni thérapie

3e édition

LES ÉDITIONS
Québec-Livres
Une société de Québecor Média

De la même auteure

Tarir la source de l'anxiété
Réparer sa route de vie
Le nouvel âge... des cavernes
Techniques faciles pour vaincre l'anxiété

Vous pouvez contacter l'auteure au www.louisereid.com

*À Marie-Claire, Catherine, Ann-Michèle, Audrey,
Juliette, Émile, Annie-Claudine, Frédéric,
Samuel, Gabriel et Raphaëlle.*

Avant-propos

Au fil des années, j'ai pu observer les innombrables ravages et la paralysie que peut causer l'anxiété chez des personnes adultes pourtant très intelligentes et dotées de courage et de volonté. J'ai vu le découragement et le désespoir sur les visages de gens qui ne demandent qu'à vivre heureux, mais qui se retrouvent enfermés dans la noirceur créée par une inquiétude constante. Ils se sentent totalement démunis devant leur incapacité à avancer normalement et leur difficulté à affronter la vie. La plupart d'entre eux utilisent divers médicaments psychotropes ou refusent de le faire malgré la recommandation de leur médecin traitant, et un certain nombre a déjà fait appel à la psychologie sans obtenir de résultats probants.

J'ai réalisé que le point commun qui unit les personnes souffrant d'une forte anxiété est la colère qu'elles éprouvent envers elles-mêmes parce qu'elles se sentent comme des enfants, qu'elles sont démunies devant des peurs qu'elles ne parviennent pas à contrôler, même en sachant que celles-ci n'ont rien de logique. Ces personnes se sentent comme des enfants parce qu'elles ont conservé des peurs et des fausses croyances qui se sont installées alors qu'elles avaient moins de six ans. Ces peurs et ces croyances qui ont été refoulées et jamais affrontées efficacement remontent à la surface des années plus tard.

J'ai déjà écrit six livres qui traitent tous de l'anxiété chez les adultes et proposent des outils efficaces pour composer avec cette dernière. J'ai longtemps cru que les problématiques anxieuses, telles la dépression, la panique et les phobies diverses, étaient réservées presque exclusivement aux adultes, mais j'ai réalisé que les jeunes y sont confrontés de plus en plus tôt, ce qui m'a amenée à jeter un regard nouveau sur l'anxiété.

J'ai pris conscience que le moyen le plus sûr d'aider les adultes de demain à éviter l'enfer de l'anxiété est de venir en aide aux enfants qu'ils sont aujourd'hui et de leur permettre d'éradiquer dès maintenant les peurs et les fausses croyances qui sont à la source de toute anxiété.

Par le présent ouvrage, je souhaite faciliter la vie des enfants et également, j'espère, enlever du pied de nombreux parents la douloureuse épine de la culpabilité.

Introduction

Le nombre d'enfants conduits en consultation médicale et psychologique pour traiter des désordres liés à l'anxiété augmente constamment, alors que leur moyenne d'âge baisse de plus en plus. On trouve des troubles de panique chez des enfants qui ont aussi peu que sept ou huit ans ainsi que des phobies diverses et particulièrement la phobie scolaire chez des petits âgés d'à peine six et sept ans. Plusieurs se voient prescrire des anxiolytiques, ces médicaments qui visent à apaiser l'anxiété et qui ont longtemps été réservés aux adultes. On remarque actuellement une tendance à droguer des jeunes à peine sortis de la prime enfance sous prétexte de les rassurer : ce n'est certes pas ainsi qu'ils vont apprendre à faire face à la vie. On comprend mal qu'on leur apprenne ainsi à éviter d'affronter la vie, alors que celle-ci durera encore pour eux en moyenne de 50 à 80 ans. Accepter que leurs enfants puissent entrer dans la danse des médicaments psychotropes dès leur jeune âge est sans doute le pire héritage que des parents puissent leur donner. Toutefois, c'est de plus en plus souvent le choix qu'adopte la médecine actuelle lorsque des parents amènent leurs jeunes en consultation pour des troubles du sommeil ou une forte anxiété. Il est plus qu'urgent de revenir à l'essentiel, de développer une saine compréhension de l'anxiété et de présenter des outils efficaces qui soulagent les enfants sans médicaments ni longues thérapies.

Les communautés médicale et psychologique semblent percevoir l'anxiété comme un monstre presque invincible, à un point tel qu'elles privilégient de plus en plus souvent de l'endormir plutôt que de la soigner. C'est d'ailleurs ainsi que l'anxiété se traduit chez les jeunes enfants : à l'image de monstres aux différents visages. On peut se demander si la médecine et la psychologie n'ont pas conservé un fort côté enfantin dans leur vision de la problématique anxieuse.

Bien sûr, il est effarant d'essayer de s'y retrouver dans les termes scientifiques d'anxiété aiguë, généralisée ou chronique, de phobies sociale, scolaire ou diverses, de peur panique, de stress post-traumatique ou d'agoraphobie. Pourtant, le terme « anxiété » est tellement plus simple que tous les grands termes utilisés pour la décrire ou tenter de la diagnostiquer.

L'anxiété

L'anxiété est de l'inquiétude, tout simplement, peu importe les visages qu'elle prend ou les sommets qu'elle atteint : c'est de l'inquiétude, point à la ligne. Donc, qu'il s'agisse d'un jeune enfant, d'un adolescent ou d'un adulte, la personne qui vit de l'anxiété est tout simplement inquiète.

L'inquiétude

L'inquiétude est un état pénible causé par la crainte d'un danger réel ou appréhendé. Elle se traduit souvent par une propension au tourment et aux soucis de tous ordres. Dans sa plus simple expression, l'inquiétude est de la peur.

La grande inquiétude de l'enfance

La pire crainte d'un jeune enfant est de se retrouver seul, car il a besoin d'être entouré de personnes qui lui servent de repères dans ce monde trop grand pour lui et dans lequel il se sentirait autrement perdu. Cette peur l'amène à s'inquiéter d'un possible rejet ou abandon qui le laisserait isolé et démuni. Il s'attache aux personnes qui l'entourent de près comme à autant de bouées qui lui permettent de se maintenir à la surface. Aussi, dans une vie où le divorce et les séparations foisonnent et dans laquelle l'enfant est souvent confié aux soins de services de garde, celui-ci est appelé très tôt à expérimenter la perte de repères que constitue la présence assidue des parents.

Il ne faut pas pour autant culpabiliser ces derniers et leur faire croire qu'ils ont hypothéqué irrémédiablement l'avenir de leurs enfants, mais plutôt leur fournir des outils efficaces qui leur permettent de réparer facilement les dommages causés. Bien sûr, il y a quelques décennies, le divorce était plus rare et le rôle des femmes était fréquemment de demeurer confinées à la maison pour s'occuper des enfants, ce qui donnait à ces derniers un point de repère relativement stable, d'où une moins forte propension à l'anxiété enfantine. Cependant, ces femmes menaient souvent une vie insatisfaisante et la frustration engendrée pouvait se répercuter sur leurs petits, produisant chez eux divers traumatismes comme la sensation de rejet qui crée elle aussi une sensation de solitude et de vide. Il n'y a donc pas de monde parfait.

La plus grande inquiétude de l'enfant est donc de se retrouver seul et de perdre les bouées que sont la présence et l'attention de ses proches. Durant ses premières années de vie, il exprimera cette peur par des pleurs et des cris souvent stridents qui traduisent la sensation de panique qu'il ressent. En grandissant, il réalisera lentement que la solitude n'est pas mortelle. Mais chez certains, cette inquiétude demeure longtemps tapie en eux et ils cherchent à éviter les situations qui comportent des risques de solitude, de rejet, d'abandon ou de trahison. Non résolue, cette situation peut perdurer à l'âge adulte et il est donc primordial d'aider nos enfants à se défaire dès leur jeune âge de cette source d'anxiété.

Pour tenter d'éviter de se retrouver seul ou sans attention, l'enfant développe une série d'attitudes qui vont de la soumission la plus totale aux comportements les plus dérangeants. Ainsi, l'enfant trop parfait qui n'ose presque pas bouger de peur de déplaire ou de se faire gronder voit ses comportements dictés par une forme de panique. Il en va de même pour celui qui bouge, crie, pleure et dérange presque constamment. Se montrer parfait pour ne pas être rejeté ou tout faire pour ne pas être oublié sont les deux attitudes extrêmes en réponse à cette inquiétude fondamentale de l'enfant qu'est la peur du vide.

Entre les deux, il existe une panoplie de comportements plus ou moins accentués qui tous visent à éviter le rejet, l'abandon et la solitude.

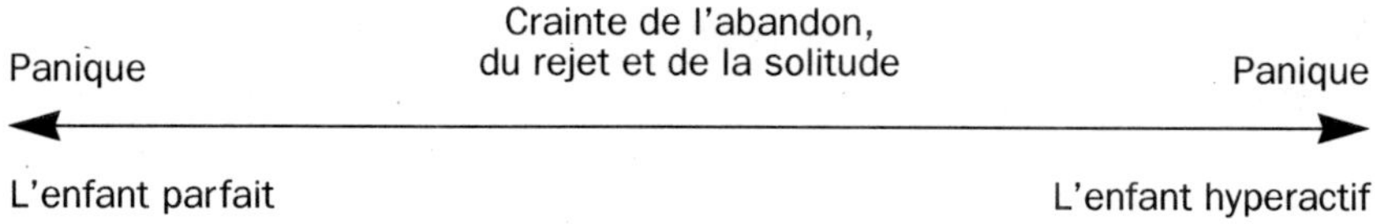

Cette peur du vide est à la base de toute anxiété. Lorsque cette peur se transforme en panique, l'esprit est obnubilé par la seule pensée de chercher à l'éviter et tous les gestes faits visent ce but. Les enfants parfaits et les enfants hyperactifs vivent donc une très forte dose d'anxiété. Il faut les soigner dès leur plus jeune âge et sans médication, de préférence. L'enfant anxieux n'est pas connecté avec lui-même, avec ses besoins et ses désirs. Sa seule raison d'être et de vivre lui vient de l'extérieur, des autres. Pour l'aider efficacement, il faut le reconnecter à lui-même et lui apprendre à vivre dans la réalité.

Chez les enfants de moins de trois ans, des jeux et des interactions appropriés peuvent mener rapidement au développement d'un sentiment de sécurité. À compter de trois ou quatre ans, le dessin devient un outil privilégié pour les libérer de leurs peurs et maintenir un bon contact avec eux-mêmes. Lorsque s'établit la logique concrète, soit vers six ou sept ans, des exercices appropriés d'imagerie permettent de leur donner une meilleure emprise sur leur système émotif global.

En leur apprenant à maîtriser et à faire disparaître cette peur du vide, les différentes techniques proposées dans ce livre nous permettront de donner une base plus solide à nos enfants et de leur éviter cette forte anxiété que nous, les adultes, avons peut-être subie durant une grande partie de notre vie.

Chapitre 1

Le nourrisson

Connecter le bébé à son corps

À sa naissance, l'enfant est propulsé hors du sein maternel et projeté dans un monde très grand qui ressemble à une forme de vide. Le choc provoqué par ce passage pourrait facilement être à la base de cette peur du vide qui inquiète tant l'enfant et, plus tard, l'adulte.

On dit de l'anxiété qu'elle est un mal de l'âme et cette dernière, qui est aussi nommée esprit, est le principe invisible et impalpable qui nous maintient en vie. L'âme est véhiculée par notre corps qui est son point d'ancrage dans le monde humain. L'enfant qui naît n'a pas conscience de la présence de son corps, sauf à travers des douleurs ou des inconforts qu'il perçoit mais ne comprend pas. À cette étape, on peut le considérer comme uniquement une âme ou un esprit qui ne fonctionne qu'à l'instinct. Il n'a pas d'attache dans le monde réel et il faut l'aider à développer des points d'ancrage pour combler le vide qui l'environne.

Premier point d'ancrage

Toucher régulièrement le jeune enfant l'amène à prendre lentement conscience de la présence de son corps, qui est son premier point d'ancrage avec le monde réel. Cette prise de conscience diminue la dangereuse sensation de vide, car il possède ainsi une entité concrète qui enveloppe son âme, son esprit et sa pensée. Les caresses, les massages, les chatouilles, les bisous constituent autant de différents touchers qui aident l'enfant à réaliser qu'il a un corps et donc, qu'il ne flotte pas dans le vide. Au cours de sa première année de vie, les jeux qui consistent à apprendre à l'enfant la présence de ses yeux, de son nez, de sa bouche, de ses membres, etc., sont également très utiles pour lui donner conscience de son enveloppe charnelle.

Connecter le bébé à son environnement

Deuxième point d'ancrage

Le deuxième point d'ancrage dans la réalité est la présence des gens qui entourent le nourrisson. Il perçoit d'abord leur voix, puis leur image s'impose petit à petit. La situation à privilégier est une certaine régularité quant à la présence des personnes qui lui apportent les soins quotidiens et qu'une réponse rapide soit donnée lorsqu'il est éveillé et qu'il pleure. La proximité d'autres personnes l'assure qu'il n'évolue pas dans un néant, dans un vide. Ce principe est particulièrement important durant les deux premiers mois de vie, alors que le bébé n'a pas encore conscience du monde qui l'entoure. Il est donc important de prendre le bébé régulièrement et de ne pas hésiter à lui parler, à communiquer avec lui de diverses manières afin qu'il réalise qu'il existe une réalité extérieure à lui-même.

Autres points d'ancrage

Lentement, le nourrisson s'acclimate et découvre des repères matériels comme des murs, des meubles, des couvertures (doudous), des bruits ou des sources de lumière qu'il retrouve régulièrement, ce qui lui assure un sentiment de sécurité. Les jouets coutumiers qui attirent son attention par leur couleur ou le bruit qu'ils provoquent l'aident également à prendre conscience de son environnement. Tous ces éléments deviennent de nouveaux points d'ancrage dans la réalité. Il est donc important d'offrir au bébé un environnement physique le plus stable possible et de doter son lit ou son siège de bébé de jouets colorés qui s'y trouvent en permanence.

Diversifier les points d'ancrage

Pour contrer sa peur du vide, l'enfant a donc besoin de repères stables, mais ces derniers doivent être diversifiés. Le bébé qui se retrouve constamment accolé à sa mère peut développer la croyance que cette dernière est le seul élément solide qui le protège du vide. Aussi, lorsque celle-ci doit s'absenter, il risque d'éprouver une forte panique. Il en va de même pour le nourrisson qu'on laisse constamment dans son lit et qui rencontre très peu de gens, comme on peut le voir, entre autres, chez les enfants placés en orphelinat. Son sentiment de sécurité et d'appartenance passe alors par un nombre limité de repères matériels et cet enfant risque fort de craindre toutes les situations dans lesquelles il est soustrait de son environnement habituel et qui, de ce fait, lui inspirent un sentiment de vide et donc, de panique.

Il n'existe pas de situation parfaite

Bien sûr, s'il y avait des parents parfaits, ils sauraient doser exactement les minutes et les heures passées avec le nourrisson, lui proposer la juste panoplie de visages étrangers et lui procurer l'environnement physique idéal pour son développement et sa sécurité. Une telle situation diminuerait sensiblement l'impression de vide chez l'enfant mais, encore là, elle ne pourrait être une garantie que l'enfant ne connaîtrait pas l'anxiété. Car il faut compter sur le fait que chaque enfant naît avec des caractéristiques qui lui sont propres et son potentiel d'adaptation en fait partie.

Il n'existe donc pas de mode d'emploi parfait pour éviter à nos enfants toute forme d'anxiété. L'enfant qui ne bénéficie pas d'une présence suffisante autour de lui est à risque de développer l'inquiétude, mais il en va de même pour celui qui est constamment entouré et surprotégé.

L'élément de base à retenir

L'enfant doit apprivoiser le vide. C'est une notion essentielle à retenir, car ce vide existe. Le monde est vraiment immense lorsqu'il est vu à l'échelle humaine. Le temps et l'espace n'ont pas de limites concrètes, sauf celles que l'on se donne par un système horaire ou un système de mesure linéaire. Mais dans la réalité, l'espace-temps est illimité. Le jeune enfant ne possède pas les connaissances relatives aux horloges, aux calendriers ou aux divers systèmes de mesure et, de ce fait, il évolue dans une immensité.

Quand la peur du vide demeure

Même si les parents font tout en leur possible pour sécuriser leur jeune enfant, celui-ci peut quand même développer un certain niveau d'anxiété. Il en va de même pour le bébé qui n'a pas reçu l'attention et l'environnement minimal nécessaires à une prise de contact solide avec la réalité. Est-ce à dire pour autant que ces enfants sont des candidats obligatoires à l'anxiété pour le reste de leur vie ? Absolument pas ! Tant mieux si les enfants apprivoisent le vide à un très jeune âge et si leur inquiétude disparaît très tôt : ils auront ainsi une moins lourde hypothèque à porter. Mais dans le cas contraire, sachons que nous pouvons corriger les petites ou grandes lacunes en tout temps, en utilisant des exercices appropriés à l'âge de l'enfant.

Chapitre 2

L'anxiété chez les enfants

L'anxiété est de l'inquiétude, et donc de la peur, qui se manifeste souvent chez les enfants dès leurs premiers jours de vie. À sa naissance, le bébé ne connaît rien du monde qui l'entoure et il est donc confronté à l'inconnu : des bruits et des voix qui ne sont plus filtrés, de la lumière, des sensations nouvelles et de possibles douleurs. Il doit faire l'effort de respirer et son estomac doit apprendre à digérer, deux fonctions qui lui venaient automatiquement avant sa sortie de l'utérus. Toutes ces composantes peuvent facilement contribuer à l'inquiétude. Tenant compte de cette prémisse, nous pouvons donc présumer que cette inquiétude est un élément inné chez l'être humain et qu'il aura, de ce fait, à composer avec l'anxiété à chacune des étapes de sa vie.

Les réactions anxieuses

L'inquiétude se traduit par diverses actions, paroles et attitudes qui, chacune à sa manière, nous permet de prendre conscience de la présence d'anxiété chez les enfants. Lorsque nous parvenons à reconnaître les signes annonciateurs, nous pouvons intervenir plus rapidement et plus efficacement. Les formes par lesquelles l'anxiété se manifeste évoluent avec le développement de l'enfant en devenant plus spécifiques et palpables au fil des mois et des années.

Les pleurs

Les pleurs dénotent toujours un malaise. Le nourrisson qui a faim, qui est incommodé par une couche souillée ou qui se sent seul n'a pas de mots pour exprimer son embarras. Il le formule par des vagissements ou des pleurs. S'il n'obtient pas de réponse à ces premières manifestations, il s'inquiète et fera connaître son inconfort par des cris de plus en plus stridents qui traduisent une panique émotionnelle. Durant les mois qui suivent, alors qu'il développe une meilleure conscience de son environnement, les pleurs se modifient, car il réalise une interaction entre le fait de pleurer et celui de voir apparaître un soulagement à ses malaises. Cependant, les cris stridents, les hurlements et les crises incontrôlables sont toujours le signe d'une intense panique de l'enfant face au malaise qu'il ressent et il faut retenir que la panique est toujours une forme exacerbée de l'anxiété.

Les pleurs du nourrisson et du très jeune enfant représentent le seul moyen de détecter facilement l'anxiété, et le moyen privilégié de la contrer consiste à prendre l'enfant, à le rassurer et à assouvir ses besoins immédiats.

Les troubles du sommeil

Certains bébés dorment très peu et semblent même lutter constamment contre le sommeil. On dira parfois de ces enfants qu'ils sont curieux et qu'ils ne veulent rien perdre de ce qui se passe autour d'eux. La réalité est cependant tout autre. Le bébé qui a de la difficulté à s'endormir ou qui dort très peu est simplement inquiet. Il a peur de perdre les balises et les repères que constitue son environnement physique et humain et de se retrouver seul, dans un vide. Cette peur est purement instinctive.

On peut trouver cette attitude chez le bébé qui vit une grande symbiose avec un parent et qui a très peur de le voir disparaître. Il fera tout en son possible pour ne pas perdre le contact avec ce dernier, luttant contre le sommeil pour ne pas être seul. Il est alors très important de mettre l'enfant en contact avec d'autres personnes, de lui faire prendre conscience de son propre corps et des balises environnementales afin que le parent ne soit plus son seul point d'ancrage à la réalité.

S'ils ne sont pas résolus à la base, ces troubles du sommeil peuvent s'étendre sur plusieurs années. L'enfant de deux ou trois ans qui présente ces difficultés n'a pas développé de sentiment de sécurité et est encore inquiet. À l'heure du coucher, il est bon de le rassurer sur la présence des personnes significatives, mais il est important d'y ajouter une activité comme le fait de lui raconter une histoire ou de lui chanter des chansons, ce qui captera son attention et le détournera de sa peur.

Avec un enfant de quatre ans et plus qui refuse d'aller au lit ou qui n'arrive pas à s'endormir, il est possible d'utiliser le dessin pour l'aider à se débarrasser de sa peur. Pour cela, nous devons être bien conscients qu'il craint de se retrouver seul, et ce, peu importe les autres excuses qu'il nous donne :

« Je ne suis pas fatigué. »
« Il est trop tôt. »
« Je pense à trop de choses. »
« Il y a des monstres dans ma chambre. »
« Il fait trop noir. »
« Il y a trop de bruit. »

La réalité est qu'il a peur de dormir et rien ne sert d'essayer d'argumenter avec lui ou de défaire rationnellement ses arguments. Il faut l'aider à percevoir sa peur de dormir et travailler directement sur celle-ci, comme nous le verrons bientôt dans le chapitre sur les peurs.

Chez l'enfant de plus de six ans, chez qui la logique a commencé à se manifester, des exercices appropriés d'imagerie (voir à ce sujet le chapitre 11) permettent au jeune de se détacher de ses peurs et de laisser venir le sommeil.

Les comportements inadéquats

Certains enfants sentent le besoin d'attirer constamment l'attention de l'entourage, que ce soit par des pleurs, des demandes constantes ou par des comportements inadéquats et dérangeants. Ils tentent ainsi de s'assurer qu'on ne les oublie pas et qu'ils ne se retrouveront pas seuls, dans un « vide ». Ces réactions constituent une réponse directe à l'anxiété qui les habite : la peur inconsciente du vide. Aussi longtemps que l'on s'occupe d'eux, ils ont l'impression d'avoir une entité, d'exister.

Ces enfants ont besoin de trouver un sentiment de sécurité et ils l'obtiennent par un encadrement prévisible avec des limites bien définies. Il faut leur imposer des règles claires et leur apprendre à les respecter. Un tel cadre de fonctionnement leur apportera automatiquement une certaine forme de sécurité. En parallèle, il importe de les aider à développer une conscience de leur corps par le moyen de jeux et d'activités destinés à cette fin.

À partir de l'âge de six ans, alors que la logique s'installe, certains exercices d'imagerie permettent de redonner facilement à l'enfant une maîtrise personnelle de ses comportements inappropriés (voir à ce sujet le chapitre 8).

L'enfant parfait

L'enfant parfait est celui qui est toujours calme, gentil, obéissant et poli, qui sourit, ne pleure presque jamais, n'est pas exigeant et semble toujours répondre aux attentes de ceux qui l'entourent. C'est le genre d'enfant que de nombreux parents envient, particulièrement si leurs propres jeunes sont turbulents et dérangeants.

Mais qu'en est-il réellement de ce petit être presque parfait ? En apparence, il est heureux mais dans les faits, il est mort de peur. Cet enfant ne vit pas ; il survit. Toute son énergie est déployée vers un seul but : répondre aux attentes des autres afin de ne pas être rejeté, abandonné ou mis de côté. Il ressent une forme de panique face à une éventuelle solitude, à un possible vide, et il vit donc une très forte anxiété.

Nous pouvons diminuer l'anxiété chez ces enfants en leur apprenant, au moyen de jeux et d'activités, qu'ils ont le droit de faire du bruit, d'être en désaccord ou de salir leurs mains et que de telles actions ne représentent pas un danger. Il est important d'y jouxter d'autres activités qui visent à ce que l'enfant développe une meilleure conscience de son corps et se centre ainsi un peu plus sur lui-même.

L'anxiété généralisée

L'anxiété généralisée est une inquiétude qui touche à peu près tous les domaines de la vie. Un enfant qui souffre d'une telle forme d'anxiété a peur de tout : les situations nouvelles, les étrangers, les sons stridents, le silence, la noirceur, les déplacements en automobile, les animaux, les insectes, les autres enfants, les professeurs, les échecs, les retards et de nombreux autres éléments. Chez les enfants, l'anxiété généralisée est souvent accompagnée de diverses problématiques anxieuses, dont les troubles obsessionnels-compulsifs (TOC), l'hyperactivité, la dépression et les troubles graves du comportement.

On trouve ce type d'anxiété chez des enfants âgés d'aussi peu que quatre ou cinq ans et l'outil qu'on privilégie de plus en plus pour la contrer est la panoplie médicamenteuse qui comprend, entre autres, le Ritalin, les anxiolytiques et les antidépresseurs. Oui, chez des enfants aussi jeunes!

On parle de possibles causes dérivant de la génétique, de difficultés liées à la gestation ou à la naissance, de présence ou d'absence parentale, de transmission de l'inquiétude par un des parents, d'environnement, de nutrition, etc. Et voilà cette chère culpabilité que l'on projette si facilement sur les parents. On cherche à déterminer la responsabilité de chacun, mais... est-ce si primordial de connaître la provenance du trouble? Ne serait-il pas plus important de chercher à le solutionner efficacement, rapidement et, surtout, sans médicaments?

Pourtant, l'anxiété généralisée a une cause tellement simple. L'enfant anxieux n'a pas de prise solide à la terre. Il fait face à un vide, car il n'a pas développé un sentiment de sécurité interne. Il croit que son bonheur, son malheur et sa sécurité lui viennent uniquement des autres. La peur a envahi son champ de conscience.

Il faut l'aider à développer une sensation de solidité émotive qui lui apportera un sentiment de sécurité. Nous trouverons plus loin un exercice qui consiste à réparer une route brisée, qui vise à consolider la structure émotive d'une personne et qui peut être utilisé avec des enfants dès l'âge de six ans (voir à ce sujet le chapitre 9).

Le trouble panique

Réservé autrefois presque exclusivement aux adultes, le trouble panique est de plus en plus répandu chez des enfants âgés d'aussi peu que huit ou neuf ans. Il s'agit d'un dérèglement anxieux qui se traduit, entre autres, par des palpitations cardiaques, des étourdissements et une sensation d'irréalité et qui amène l'enfant à croire qu'il va mourir, s'évanouir ou disparaître. Chez les enfants, le trouble panique mène souvent aux phobies sociale et scolaire, à des troubles accentués du sommeil et peut conduire à la dépression. L'enfant se sent absolument dépassé par les attaques de panique et il est très difficile de le rassurer. Face à ce trouble envahissant, la science médicale opte, le plus souvent, pour les thérapies médicamenteuses, alors que la psychologie y va de longues thérapies cognitivo-comportementales qui visent à convaincre l'enfant qu'il n'existe aucun danger réel.

Dans les faits, le trouble panique est constitué de crises d'anxiété aiguë et, de ce fait, il est également provoqué par une sensation de vide, par une impression de basculer dans le néant; le cerveau de l'enfant réagit alors à la sensation par une forte panique. Tenter de le convaincre qu'il n'y a pas de danger réel risque d'être long et ardu, et il n'existe pas de garantie de réussite, tandis que l'autre solution visant à endormir son anxiété ne fera qu'apaiser cette dernière sans pour autant la faire disparaître.

Le vide ou le néant que l'enfant perçoit est directement lié à une absence de contact direct avec ses repères rationnels. Nous devons donc l'aider à retrouver le contact avec ces derniers, ce qui lui assurera un sentiment de solidité et de sécurité.

Encore une fois, un exercice de reprogrammation approprié, comme celui de la réparation d'une route brisée, permet à l'enfant de retrouver une solidité émotive ainsi qu'un bon équilibre rationnel, ce qui amène la disparition des attaques de panique. Chez l'enfant de moins de huit ans, il est bon de travailler avec le dessin parce que celui-ci est plus concret. Chez l'enfant plus âgé, l'utilisation de l'imagerie mentale donne d'excellents résultats.

La phobie scolaire

Par définition, la phobie est une aversion très vive pour un élément donné. Il s'agit d'une peur irraisonnée déclenchée par un élément ou une situation, alors que la personne qui en souffre sait très bien que, logiquement, il n'existe pas de danger réel. L'enfant qui développe une phobie scolaire craint tellement de se rendre à l'école que lorsque vient l'heure du départ, il pleure, fait des crises de panique et peut également présenter des douleurs abdominales, des vomissements et de la diarrhée. Il cherche alors à éviter une situation qui l'effraie fortement. La fréquentation scolaire montre un fort taux d'absentéisme chez ces enfants. Les parents se sentent démunis devant la situation et une relation conflictuelle s'installe souvent avec leur petit.

On est souvent porté à croire que l'enfant a peur de l'école à cause de l'obligation de performance qu'il se crée face à celle-ci, mais dans les faits, le problème est tout autre. Le plus souvent, lorsque l'enfant est à l'intérieur de l'école, il fonctionne relativement bien. Le problème se situe donc entre le moment de quitter la maison et l'arrivée à l'école.

La peur principale d'un enfant qui souffre de phobie scolaire est celle de quitter le cocon familial, de se retrouver seul, sans ses parents, ce qui pour lui constitue une forme de néant, de vide. Chez cet enfant, le sentiment de sécurité est assuré uniquement par la présence de ses parents. Lorsqu'on tente de le rassurer et de lui expliquer qu'il n'existe pas de danger, il écoute et semble comprendre, mais dès que la situation se présente à nouveau, les symptômes de la phobie se manifestent aussitôt. Il comprend les explications avec son esprit rationnel, mais la peur est plus forte que sa logique.

Pour contrer efficacement ce type de phobie, il faut d'abord s'attaquer directement à la sensation de vide que ressent l'enfant et l'aider à la faire disparaître avec un exercice approprié comme celui de la route brisée. Il faut ensuite aider l'enfant à prendre conscience de la peur qui l'habite provoquée par le fait de s'éloigner de la maison et lui permettre de reprendre rapidement la maîtrise de cette peur à l'aide de dessins, tel que nous le verrons dans le chapitre 4.

La dépression

Chez les enfants, la dépression est souvent consécutive ou concomitante à une anxiété très forte qui leur procure une grande souffrance et qui leur fait voir la vie comme trop difficile à affronter. Elle relève d'un refus inconscient de faire face à la vie et à la souffrance. Elle se manifeste habituellement durant la période de l'adolescence bien que certains enfants puissent présenter des symptômes dépressifs à un plus jeune âge.

L'enfant dépressif peut présenter divers signes : des troubles de l'humeur, des attitudes agressives, des troubles du sommeil, une modification des résultats scolaires, une diminution des activités sociales, des plaintes relatives à diverses douleurs physiques, une perte d'énergie ainsi qu'une modification de l'appétit ou du poids. On peut sentir chez lui de la tristesse, de l'ennui, de l'indifférence, une dévalorisation, un ralentissement intellectuel, une perte d'appétit, des insomnies, une tendance à l'isolement, de la passivité, de la soumission, des difficultés à l'école, de la négligence hygiénique, de la culpabilité, des conduites autodestructrices ou des idées suicidaires.

Tout enfant présente certains de ces symptômes à des moments particuliers de sa vie sans pour autant souffrir de dépression. Les enfants réagissent comme les adultes ; il y a des jours heureux et d'autres pénibles. Cependant, lorsque les symptômes s'accumulent et s'installent sur une base permanente, on peut suspecter un possible état dépressif.

Dans le système social et médical actuel, lorsque la dépression est diagnostiquée chez un enfant, il se déploie une panoplie d'interventions comprenant, entre autres, la médication, l'hospitalisation ainsi que des thérapies psychologiques qui s'adressent tant à l'enfant qu'à ses parents et qui s'échelonnent habituellement à moyen et à long termes.

Dans les faits, l'enfant dépressif a perdu ses repères de vie. Il n'a plus de certitudes, il se sent profondément seul, la vie n'a aucun sens précis, il n'a pas vraiment de valeur à ses propres yeux et ne comprend donc pas comment des gens peuvent l'aimer. En réalité, il est habité par un grand vide et il a l'impression de vivre dans une forme de néant. Il se sent totalement perdu, déboussolé et désemparé. Il est emprisonné dans le noir.

Le seul moyen vraiment efficace et rapide pour l'aider à sortir de cet état dépressif est de lui permettre de déprogrammer la sensation de vide afin qu'il retrouve les repères qui lui permettaient auparavant de vivre. En parallèle, un travail consistant à lui faire prendre conscience de ses peurs face à la vie et à lui donner des outils efficaces pour affronter ces peurs lui permettra rapidement de recommencer à avancer sainement.

Chapitre 3

Les situations anxiogènes

Il existe une foule d'éléments qui peuvent mener l'enfant à développer de l'inquiétude et par là même, de l'anxiété. On n'a qu'à penser aux innombrables chutes, aux réprimandes, aux maladies, à la percée de nouvelles dents, au fait de rencontrer des étrangers, et tant d'autres. Tous ces événements et situations causent de l'inquiétude à l'enfant parce qu'ils l'extraient de sa zone de confort, c'est-à-dire de ses habitudes, de sa routine et de la prévisibilité. En contrepartie, chacun de ces moments l'aide à apprivoiser la réalité, à prendre en compte de nouveaux éléments de vie et à développer ses mécanismes d'adaptation.

Certaines étapes de la vie de l'enfant génèrent cependant des risques d'anxiété plus élevés et ces moments de vie sont tous en relation avec des périodes au cours desquelles l'enfant perd le contact direct avec ses proches.

La garderie

De nombreux parents doivent faire appel à des services de garde pour prendre soin de leur enfant pendant qu'ils sont au travail. Comme le parent est habituellement le point d'attache central avec le monde extérieur, la séparation peut créer une forte inquiétude chez le jeune enfant. Lorsqu'une telle situation se présente, l'enfant se sent confronté à une sorte de vide qui engendre un sentiment de panique. Cet affolement se traduit habituellement par des cris stridents, des pleurs, des sanglots et parfois même des convulsions. L'enfant est alors en état de panique totale, sans aucun repère avec le monde environnant.

Cet état dure habituellement quelques minutes puis, lentement, le jeune enfant reprend contact avec les personnes qui en prennent soin et retrouve des repères dans la réalité. Au fil du temps et avec la répétition quotidienne de ces moments de séparation, l'enfant développe de nouveaux points d'ancrage auprès des personnes qui en prennent soin et de l'environnement physique dans lequel il évolue alors. Il est souvent très difficile pour un parent de laisser son enfant à la garderie lorsque celui-ci est en situation de panique et il peut facilement se sentir coupable. Il faut cependant se souvenir qu'il y a une contrepartie positive à une telle situation puisqu'elle permet à l'enfant de se détacher de ses parents, de réaliser qu'il existe un monde en dehors de ceux-ci et que la vie continue même quand ils sont absents.

Chez l'enfant plus âgé qui a déjà multiplié ses repères avec le monde extérieur, la panique est moins présente, mais elle peut être remplacée par diverses formes de colère, allant de la bouderie et du pleurnichage jusqu'aux crises de rage. Chacune de ces manifestations dénote elle aussi une part d'anxiété liée à la séparation.

L'école

La fréquentation scolaire est une étape majeure dans le développement des enfants, car elle favorise l'acquisition de l'autonomie, de la socialisation et des connaissances intellectuelles. Elle comporte cependant plusieurs éléments anxiogènes, dont l'obligation de s'astreindre à un encadrement plus strict, d'obéir à de nouvelles règles et d'offrir un certain niveau de performance, en plus de la rivalité entre pairs et de la nécessité de partager l'attention de l'adulte responsable. Il ne leur est plus permis de déambuler à leur guise et de parler quand bon leur semble.

L'enfant qui a fréquenté la garderie a déjà connu la séparation d'avec ses parents. Il a développé des ressources qui lui permettent de s'adapter à un nouveau milieu. De plus, il a compris qu'il retrouve toujours ses parents après quelques heures. Celui qui a vécu les premières années de sa vie dans le giron familial et qui doit dorénavant quitter la maison plusieurs heures par jour risque de faire face, à son tour, à l'angoisse de séparation puisqu'il doit s'éloigner de ses parents qui représentent son plus grand repère de sécurité devant le monde extérieur. Certains de ces enfants se sentent particulièrement démunis lorsque cette situation se présente et ils manifestent leur anxiété par des pleurs, un refus de se rendre à l'école, de l'agressivité, un repli sur soi ou autres démonstrations du genre. Ils ressentent certaines peurs relatives à l'école mais, surtout, ils craignent qu'un incident se produise durant leur absence, qui les priverait de leurs parents et les projetterait dans un grand vide affectif.

Dans le quotidien de la fréquentation scolaire, l'enfant apprend à affronter les soubresauts de la vie: les joies et les peines, les plaisirs et les frustrations, les réussites et les échecs, l'acceptation et le rejet, les périodes d'activité et les moments de tranquillité, l'amitié et l'animosité. Les peines, les frustrations, les échecs, le rejet, l'animosité ainsi que l'obligation de demeurer assis et silencieux durant des périodes prolongées représentent autant de sources susceptibles de créer chez lui de l'inquiétude, anxiété avec laquelle il doit apprendre à composer.

Le divorce

Pour l'enfant, le divorce ou la séparation de ses parents représente toujours une grande source d'anxiété puisque le monde familial dans lequel il évoluait jusque-là et auquel il s'était adapté bascule. Les repères ne sont plus les mêmes, l'attitude des parents est plus difficilement prévisible et il a peur du changement qui s'amorce.

L'enfant peut exprimer ses craintes en paroles, mais il est aussi possible de les détecter au travers des modifications comportementales: possible repli sur soi, attitudes régressives infantiles, comportements inappropriés ou même agressivité.

Pour mieux démystifier l'anxiété que vit l'enfant à l'intérieur de telles conjonctures, il est important de prendre conscience que celui-ci ressent certainement de la tristesse face à la situation, mais ce qu'il faut retenir en priorité c'est qu'il a peur et qu'il a besoin d'être rassuré. Il craint l'abandon, le vide. Il a besoin de savoir qu'on l'aime et qu'il ne se retrouvera pas seul. C'est là son seul souci.

L'adaptation au changement

Pour se sentir en sécurité, l'enfant a besoin d'un environnement prévisible et régulier. Lorsque la situation change, ses mécanismes d'adaptation se mettent en branle et il trouve un équilibre approprié aux nouvelles données. La plupart du temps, le changement s'effectue facilement, mais parfois il lui est difficile d'affronter seul les peurs qui l'habitent.

L'adaptation est souvent plus pénible dans les étapes capitales que sont l'entrée à la garderie, la fréquentation scolaire ou le divorce, mais également lors de longues périodes d'hospitalisation, de placement en foyer d'accueil ou dans le cas d'un enfant vivant dans un climat de querelles et de violence. L'enfant a alors besoin d'une aide extérieure pour surmonter ses peurs et développer son propre sentiment de solidité et de sécurité.

Guérir l'anxiété

Comme il est impossible d'éviter aux enfants toutes les situations qui risquent de créer chez eux de l'anxiété, il faut leur apprendre à composer le mieux possible avec elle. En prenant conscience que l'anxiété est de l'inquiétude et que l'inquiétude est de la peur, nous pouvons cibler cette dernière et apprendre à l'enfant comment composer facilement avec celle-ci. Dès qu'un enfant maîtrise sa peur, son anxiété disparaît. Comme les peurs sont d'abord engendrées par la sensation de vide qu'il redoute s'il se retrouve seul, nous pouvons l'aider à faire rapidement disparaître cette sensation de néant et, dès lors, les peurs se font moins nombreuses.

La sensation de vide et les peurs peuvent engendrer des *fausses croyances* et des *comportements inappropriés et inacceptables* dont il faut aider l'enfant à se défaire rapidement afin qu'il n'ait pas à subir trop longtemps la contrepartie négative de ceux-ci, ce qui augmente encore le niveau d'anxiété.

Dans les prochains chapitres, nous découvrirons comment aider nos enfants à trouver solidité et sécurité par l'entremise d'exercices simples et rapides. Ils pourront plus aisément maîtriser leurs peurs, leurs peines et leur colère. Ils pourront faire disparaître la sensation de vide qui les effraie tant, se défaire de fausses croyances et faire cesser les comportements inappropriés. De plus, nous pourrons renforcer leur estime de soi, les soulager d'expériences traumatisantes et leur permettre de mieux dormir.

L'anxiété nous est souvent présentée comme un monstre, alors qu'elle n'est en fait qu'une inquiétude qui s'apprivoise facilement, particulièrement chez les enfants.

Chapitre 4

Les peurs

La peur est une émotion innée chez tous les êtres humains. Elle représente un mécanisme de poussée qui les incite à respirer afin d'éviter l'asphyxie et, à l'opposé, elle constitue un processus de freinage qui les empêche de se précipiter dans des situations dangereuses qui pourraient causer la mort. La peur est partie intégrante de l'instinct de survie et si nous sommes vivants aujourd'hui, c'est que la peur a bien joué son rôle.

La peur: un mécanisme d'adaptation

La vie est constituée de changements continuels qui exigent une adaptation. Dès sa naissance, le poupon est projeté dans un environnement totalement différent de celui dans lequel il a évolué jusque-là. Il doit dorénavant respirer seul, vivre avec des tiraillements d'estomac, des douleurs abdominales, des sensations de froid et de chaleur, et percevoir des éclats de lumière et des bruits directs, non filtrés par la cavité utérine. Il lui faut s'adapter très rapidement. Chacune des étapes ultérieures de la vie de l'enfant exige elle aussi une adaptation: découverte de l'environnement physique, nourriture, babillage, prise de conscience de son corps, communication, marche, parole, jeu... Aucune de ces situations ne s'établit automatiquement et il doit donc s'adapter à chacune d'elles par divers apprentissages.

Bien sûr, le bébé ne réfléchit pas aux situations qu'il traverse, mais s'il le pouvait, il se poserait sans doute certaines questions:

- Où suis-je?
- Que se passe-t-il?
- Qui est-ce?
- Pourquoi ai-je mal?
- Comment faire?
- Qu'est-ce que c'est?
- Comment lui dire?
- Comment me rendre à cet endroit?
- Que faire avec cet objet?
- Quel est ce bruit?
- Pourquoi la lumière est-elle si forte?

C'est par l'adaptation et les apprentissages qu'il découvre des solutions à son questionnement inconscient. Cependant, avant d'obtenir des réponses, il traverse des périodes au cours desquelles il fait face à un sentiment d'incompréhension et d'impuissance, donc à un vide.

La peur chez les enfants de zéro à six ans

La solidité et la sécurité affectives sont composées de certitudes, de compréhension, ainsi que d'une certaine forme de pouvoir sur l'environnement, les gens et les choses. Le cerveau du bébé n'est pas suffisamment développé pour lui permettre d'avoir cette emprise. Il fonctionne donc à l'instinct : lorsqu'il a peur, il réagit.

La prime enfance est la période des grandes peurs qui apparaissent insurmontables et des peines immenses qui semblent absolument inconsolables, comme s'il n'existait pas de moyen terme. L'enfant de zéro à deux ans vit uniquement l'instant présent sans tenir compte des expériences passées ou de ce qui se produira ultérieurement. Il n'a pas encore développé les repères qui lui permettront plus tard de prendre de la distance face à ses émotions. Lorsque la peur et la peine le submergent, il n'existe rien d'autre. La seule intervention possible consiste à tenter de le consoler et de le rassurer par des caresses et une présence.

Lorsqu'il a de deux à quatre ans, l'enfant décrira habituellement ses peurs sous l'image de monstres effrayants qui apparaissent dans les moments où il est seul et qui se terrent sous son lit, dans un placard ou dans les divers endroits où il se trouve isolé. Comme il est incapable de déterminer les peurs qui l'habitent, il utilise inconsciemment des images qui les représentent concrètement et qui traduisent bien son effroi. Dans les faits, ces monstres représentent :

- la peur d'être abandonné ;
- la peur de voir disparaître ses parents ;

- la peur de basculer dans le vide (lorsqu'il s'endort, il perd ses points d'ancrage);
- la peur inconsciente de mourir.

Chacune de ces peurs traduit une inquiétude plus profonde qui est celle de se retrouver seul, perdu et sans attache. Une première intervention consiste à le rassurer, non pas en lui disant que le monstre n'existe pas, car la peur existe réellement, mais en lui répétant que nous sommes tout près, dans une autre pièce, et que nous serons présents à son réveil. De plus, nous pouvons effectuer un jeu de rôle qui consiste à mimer une lutte contre le monstre, lutte dont nous sortons évidemment vainqueurs. Comme l'enfant est persuadé que le parent est tout-puissant, il croit en notre réussite et la peur s'estompe.

Exemple

La mère d'un enfant de deux ou trois ans qui a peur des monstres ouvre la porte du placard et simule une lutte dans laquelle elle terrasse le monstre à l'aide de coups et de bruits. Elle déclare à l'enfant que le monstre est détruit et qu'elle va aller le jeter dehors. Elle mime le geste de tenir quelque chose au bout de ses doigts et sort de la chambre, ouvre la porte extérieure de l'habitation et la referme. Elle revient ensuite dans la chambre, dit à l'enfant que le problème est réglé, qu'il peut maintenant dormir tranquille, qu'elle sera dans la pièce voisine et qu'elle sera également là à son réveil.

L'enfant est absolument persuadé qu'il existe un danger et il est très difficile de lui prouver le contraire avec des paroles. Avec un tel exercice, nous entrons dans son jeu. Nous lui disons que nous le croyons, mais nous lui démontrons qu'il est possible de contrer ce danger. La peur réelle ne touchait pas un monstre mais bien la peur de l'abandon ou celle de se retrouver seul ou encore celle de mourir. L'enfant n'en est pas conscient, mais en effectuant une telle intervention, nous lui permettons de terrasser sa peur. La sensation de danger s'estompe et dès qu'il est rassuré, son inquiétude disparaît.

Ce type de traitement est efficace parce que l'enfance est une période où l'émerveillement et la crédulité possèdent une place prépondérante. De deux à six ans, les enfants croient fermement au père Noël, aux fées et aux monstres, et sont également persuadés que les animaux peuvent parler et que les parents sont tout-puissants. Ils croient ce qu'on leur dit. Cependant, lorsque la logique concrète se développe, vers l'âge de six ans, l'enfant commence à remettre en question plusieurs de ces croyances et les exercices doivent être adaptés à leur développement.

Le dessin comme outil pour maîtriser la peur

Vers l'âge de quatre ans, l'enfant réussit habituellement à produire une représentation imagée de certains éléments tels qu'il les perçoit. Le graphisme ne correspond pas nécessairement à la réalité comme nous la voyons, mais l'arbre, la maison, le bonhomme ou le monstre qu'il dessine est bien réel pour lui et il est fier du résultat.

Nous pouvons utiliser cette compétence pour lui permettre de reprendre lui-même la maîtrise de ses peurs.

L'exercice suivant s'effectue lorsque l'enfant est bien éveillé et calme. Le travail se fait sous forme de jeu. L'activité nécessite des feuilles de papier, des crayons, une grande enveloppe, du ruban gommé et une agrafeuse.

Exemple

Nous demandons à l'enfant: «Peux-tu me dire quelles sont tes peurs?»

S'il a de la difficulté à les déterminer, nous l'aidons à le faire selon ce que nous savons de lui. «Je crois que tu as peur de...» Nous lui demandons ensuite de les mettre sur papier.

«Dessine-moi la peur des gens méchants.»
«Dessine-moi la peur du noir.»
«Dessine-moi la peur de perdre ta maman.»
Etc.

Nous aidons l'enfant à déterminer ses différentes peurs et lui demandons de les dessiner.

LE PROCÉDÉ À SUIVRE

- Chaque peur est dessinée sur une feuille différente, en noir et blanc ou en couleurs, selon le choix de l'enfant. Nous pouvons inscrire le nom de la peur sur le papier s'il le désire.

- Les peurs peuvent prendre la forme de monstres, de personnages ou de simples gribouillis. Toutes les formes sont bonnes.
- Lorsque chaque peur a été désignée et dessinée, nous lui fournissons une grande enveloppe dans laquelle il place toutes les pages dessinées.
- Il ferme l'enveloppe et colle le rabat.
- Il place un ruban gommé tout autour de l'enveloppe pour s'assurer qu'il est impossible de l'ouvrir.
- Si l'on dispose d'une agrafeuse, l'enfant pose des agrafes sur différentes parties de l'enveloppe pour bien emprisonner les feuilles à l'intérieur de celle-ci.
- Nous l'amenons ensuite à prendre conscience qu'il est vraiment las de ces peurs et nous lui suggérons de s'en débarrasser définitivement.
- Lorsqu'il accepte de le faire, nous lui suggérons de mettre l'enveloppe à la poubelle. Nous pouvons même refermer le sac à ordures et le placer à l'extérieur de la maison, ce qui renforce encore chez l'enfant le sentiment de s'être défait une fois pour toutes de ses peurs.

Lorsque l'enfant accepte de se défaire de l'enveloppe, il reprend la maîtrise de ses peurs et celles-ci disparaissent sans même qu'il le réalise.

Cependant, il est possible que l'enfant ne veuille pas réellement se défaire de ses peurs et hésite à s'en débarrasser définitivement. Vers l'âge de quatre ans, l'enfant commence à réaliser qu'il existe des bénéfices secondaires aux peurs comme, entre autres, le fait de pouvoir profiter d'une veilleuse au moment du coucher, d'avoir une présence assidue à ses côtés ou d'attirer l'attention sur soi. Au moment de décider de se défaire de l'enveloppe, il peut réaliser inconsciemment qu'il risque de perdre certains de ces bénéfices et hésiter.

Voici une anecdote qui illustre bien le procédé à suivre et les résistances qui peuvent survenir en cours d'intervention.

La peur de Gabriel

Gabriel est un petit garçon de cinq ans dont les parents sont séparés et qui a vécu les trois années précédentes avec sa mère dans une région éloignée de Montréal. À sa demande, il habite la métropole avec son père depuis quelques mois et est très heureux de la situation, même s'il s'ennuie de sa mère qui est demeurée en région. Il s'est bien adapté, fréquente la maternelle et la socialisation s'effectue facilement. Il existe une seule ombre au tableau : il vit dans un loft à aires ouvertes, sauf en ce qui touche la salle de bains qui constitue une pièce fermée et dans laquelle il refuse carrément de se retrouver seul. La période du bain est particulièrement éprouvante puisqu'il exige qu'une personne soit constamment à ses côtés. Après m'être assurée qu'aucune expérience traumatisante n'a engendré cette attitude, j'ai effectué avec lui l'exercice de reprise de contrôle des peurs par le dessin. Nous nous sommes bien amusés en déterminant plusieurs petites peurs et, surtout, la peur de la salle de bains. Comme il a désigné six peurs, il a effectué six dessins sur autant de feuilles. Il a placé ces dernières dans une grande enveloppe blanche qu'il a cachetée et sur laquelle il a placé de nombreux morceaux de ruban gommé. Je lui ai fourni une agrafeuse qu'il a utilisée avec plaisir. Nous étions alors en pleine période d'amusement. Il m'a tendu l'agrafeuse et j'ai moi aussi posé plusieurs agrafes sur l'enveloppe.

Je lui ai ensuite expliqué que nous allions placer l'enveloppe dans le foyer et la regarder brûler avec toutes les peurs qu'elle contenait et qu'ainsi, celles-ci seraient détruites et ne le dérangeraient plus. Il m'a regardée d'un air surpris, a réfléchi quelques secondes et m'a dit: «Tu sais, je crois que la peur de la salle de bains va sortir de l'enveloppe sans que nous nous en apercevions, qu'elle va s'envoler et retourner chez moi.» Je lui ai alors mentionné de ne pas s'inquiéter car j'avais pris soin de l'agrafer très solidement dans l'enveloppe et qu'elle ne pourrait pas s'enfuir. Il m'a regardée, a réfléchi quelques secondes et a simplement laissé tomber: «Ah bon... d'accord.»

À la suite de la séparation d'avec sa mère et au déménagement dans un nouvel environnement, il avait vécu une certaine forme d'insécurité et craignait de se retrouver seul. Comme il avait développé inconsciemment cette peur pour contourner le problème, il aurait souhaité la conserver. Cependant, une fois l'enveloppe brûlée, le jeu s'est terminé et nous sommes passés à une autre activité. En quelques jours, la peur est disparue, n'est jamais revenue et n'a été remplacée par aucune autre peur majeure qui aurait pu desservir le même objectif.

Assurer un meilleur avenir aux enfants

Les peurs non assumées ont une fâcheuse tendance à perdurer et à s'installer en maîtres. Elles peuvent constituer une lourde hypothèque que l'enfant portera possiblement encore à l'âge adulte et qui se traduiront par une anxiété très lourde à supporter.

L'anxiété est une pandémie qui s'est répandue en quelques décennies et dont les ravages s'accentuent et se multiplient. Nous pouvons facilement éviter à nos enfants d'être atteints par cette épidémie et de subir la souffrance liée aux désordres anxieux en leur permettant de composer avec leurs peurs dès leur jeune âge. C'est simple, facile et très efficace.

Chapitre 5

Les peines

La peine est un mode privilégié pour exprimer les peurs ressenties, que celles-ci soient relatives à la douleur, au désarroi, à l'incompréhension, à l'impuissance, aux regrets ou à la frustration. Le mot « peine » est synonyme de déplaisir et l'être humain possède un instinct inné qui le pousse à éviter tout déplaisir ainsi que les malaises qu'il entraîne. Les éléments désagréables par excellence sont la douleur physique, les malaises corporels créés par la faim, la soif, le froid ou la chaleur intense, le sentiment d'être isolé ou mis de côté et la privation. Chacun de ces facteurs contient son lot de déplaisir et donc, d'affliction.

La peine chez le jeune enfant

Chez l'enfant de moins de deux ans, la peine est toujours immense et elle est dramatique pour lui parce qu'elle répond à un malaise qu'il vit intensément, dans le moment présent, et c'est la seule chose qui ait de l'importance à cet instant. Il perd le contact avec ses repères habituels de sécurité et il a besoin d'être rassuré. Le jeune enfant se situe dans une zone de confort et il ressent un sentiment de sécurité lorsqu'il se sent entouré, qu'il est repu et à l'aise dans son corps. Il a peur lorsqu'il se retrouve en situation d'inconfort et d'insécurité quand, par exemple :

- il se sent seul ;
- il a mal au ventre ;
- il fait une chute et se frappe la tête ;
- on lui enlève un jouet ;
- il perd de vue ses parents ;
- il a faim ;
- il a froid.

Chacun de ces éléments lui occasionne de la contrariété et la seule manière concrète qu'il puisse utiliser pour faire connaître son malaise, sa peur ou sa frustration passe par les pleurs et les cris. Durant ses deux premières années, lorsqu'un enfant pleure, il a d'abord besoin d'être rassuré puisque ses pleurs et ses cris traduisent la peur.

La peine chez les enfants de deux et trois ans

Vers deux ans, l'enfant développe une vision moins individualiste du monde environnant et il acquiert de nouveaux outils de communication avec l'entourage. Il a cependant encore beaucoup de difficulté avec la notion de déplaisir et il doit apprendre à composer avec la frustration. Il risque d'avoir de la peine quand :

- il se sent seul ;
- il ressent de la douleur ;
- il est fatigué ;
- il se querelle avec un autre enfant ;
- il fait une chute ;
- on le prive d'un jouet ;
- il se fait gronder.

La zone dans laquelle il se sent en confort et en sécurité s'élargit. Grâce aux règles et à une certaine constance dans les interventions, on lui apprend lentement à vivre avec le déplaisir et à développer une tolérance à la frustration. L'instant présent est encore primordial, mais s'il ressent une grande peine ou une forte peur, il garde quand même une conscience de la réalité environnante, ce qui lui évite de paniquer devant le malaise ressenti.

Bien sûr, l'enfant a encore besoin d'être consolé et rassuré, mais les moyens pour le faire se modifient. Le simple fait de lui changer les idées en attirant ailleurs son attention suffit souvent à l'extraire de sa peine ou de sa morosité.

La peine chez les enfants de quatre et cinq ans

Vers l'âge de quatre ans, les peines sont encore grandes, mais les mots permettent enfin de les exprimer plus clairement. Sa capacité d'intérioriser ses émotions se développe et on peut parfois sentir de la tristesse chez l'enfant sans qu'il l'exprime ouvertement. Les peines ressenties à cet âge surviennent habituellement quand :

- un ami ou un groupe l'a mis de côté ;
- quelqu'un l'a ignoré ;
- il a été grondé ;
- il se blesse ;
- il se sent seul ;
- il se sent incompris.

Alors que les pleurs le maintiennent dans sa bulle d'affliction, le fait de verbaliser sa peine lui permet d'en sortir plus rapidement. Il est donc important qu'il trouve une personne prête à l'écouter et qui saura également lui apporter des éléments rationnels lui permettant de remettre les éléments dans une plus juste perspective et, par là, de dédramatiser la situation. Si cette dernière intervention console quelque peu l'enfant mais se révèle insuffisante pour le débarrasser complètement de sa peine, l'utilisation du dessin peut alors s'avérer un outil précieux.

LE PROCÉDÉ À SUIVRE

- Nous l'aidons à prendre conscience que cette peine est douloureuse et désagréable.
- Nous lui suggérons de s'en défaire.
- Nous lui demandons de dessiner la peine sur une feuille de papier. Peu importe l'image qu'il choisit de représenter, elle est bonne car, pour lui, elle correspond à sa peine (un monstre, un personnage qui pleure, une larme, etc.).
- Nous lui suggérons de placer la feuille dans une enveloppe dont il colle le rabat.
- Nous lui offrons le choix entre jeter l'enveloppe à la poubelle ou la ranger dans un tiroir.
- Lorsque l'enveloppe est jetée ou rangée, la peine est dissipée.

En plus d'obtenir une attention particulière durant plusieurs minutes, ce qui lui est bénéfique, l'enfant fait le choix conscient de se débarrasser de sa peine. Cet exercice est particulièrement efficace avec les peines plus profondes et celles qui se présentent de façon répétitive.

La peine chez les enfants de six à dix ans

L'exercice que nous venons de voir est également parfaitement adapté aux enfants de six à dix ans, même si leur peine se traduit différemment de celle des enfants plus jeunes. Lorsqu'ils commencent la fréquentation scolaire, les enfants apprennent rapidement à intérioriser leurs émotions car les accès de joie ou de peine sont mal tolérés par les intervenants du système qui ont charge simultanément de plusieurs petits. Ces derniers doivent donc s'intégrer dans la masse sans faire de vagues. Ils apprennent ainsi à refouler leurs émotions, ce qui n'est pas mauvais en soi, à condition qu'ils aient la possibilité de les exprimer ailleurs.

Un enfant de cet âge peut démontrer de la tristesse sans qu'elle soit accompagnée de pleurs, mais elle est détectable à travers une certaine morosité ou mélancolie et parfois même, une hyperactivité plus ou moins accentuée. Ce sont là ces signes qui demandent à être entendus et appellent une intervention qui vise à faire verbaliser le malaise et établir la peine qui est présente.

« J'ai l'impression que ça ne va pas.
Veux-tu m'en parler ? »

L'enfant mélancolique répond souvent directement à la question parce qu'il est en contact étroit avec la peine qu'il ressent. Au contraire, celui qui démontre de l'hyperactivité cherche à fuir l'émotion qui l'habite, à la nier parce qu'elle lui fait peur. Il faudra possiblement insister.

Exemple d'intervention avec un enfant hyperactif

- « Je sais que quelque chose te dérange. »
- « Non, il n'y a rien qui me dérange. »
- « Je sais que c'est faux parce que lorsqu'on a besoin de bouger constamment, c'est qu'il y a quelque chose à l'intérieur qui nous incommode. Il est très important que nous en parlions parce que je veux

que tu te sentes bien. Et tu sais quoi ? Si nous trouvons une peine à l'intérieur de toi, nous allons nous en débarrasser et elle ne te créera plus de problème.

L'enfant refuse d'affronter la peine parce qu'il craint qu'elle le submerge, mais lorsque nous lui offrons d'en prendre le contrôle, elle devient automatiquement moins menaçante et il acceptera plus facilement d'y faire face.

Dès qu'un enfant désigne et exprime une peine, nous pouvons lui offrir de s'en défaire avec l'exercice de dessin présenté précédemment. Il pourra ainsi se soigner en s'amusant.

La peine de Laurence

Laurence était une fillette de huit ans dont le chien Poppie était décédé quelques semaines auparavant. Elle l'avait toujours connu puisqu'il faisait déjà partie de la famille à sa naissance. Elle revenait régulièrement sur le sujet, plusieurs fois par jour, versant parfois quelques larmes : « Je m'ennuie de Poppie », « Je ne verrai plus jamais mon chien, c'est injuste. » Sa mère lui disait comprendre sa tristesse et qu'elle savait aussi que cette peine lui créait beaucoup de souffrance. Elle a demandé à sa fille de dessiner la peine qu'elle ressentait. Laurence a esquissé le croquis d'un chien qui ressemblait un peu à Poppie, accompagné d'une petite fille dont les larmes coulaient sur la joue.

Sa mère lui a alors apporté une petite boîte de carton aux couleurs vives et à la suggestion de celle-ci, Laurence y a placé son dessin.

« J'ai choisi une belle boîte parce que je sais combien
ta peine est importante. J'aimerais que
tu détermines un endroit pour y placer cette peine.
Ainsi, elle ne sera plus constamment
à l'intérieur de toi. »

La petite a rangé la boîte sur une tablette de son placard et, avant de refermer la porte, elle s'est adressée à son chien.

« Je ne peux plus te voir, Poppie,
mais je t'aimerai toujours, toujours. »

Le soir, au moment d'aller au lit, elle a dit à sa mère qu'elle savait que sa peine était dans le placard. Elle avait repris le contrôle sur celle-ci et n'en a plus reparlé.

La peine chez les enfants de plus de 10 ans

Alors que la logique concrète prend place vers l'âge de six ans, la logique abstraite s'installe vers 11-12 ans. L'enfant n'a plus besoin du dessin pour rendre une émotion plus réaliste. Il arrive à conceptualiser des situations par l'utilisation de l'imagerie mentale dont il peut se servir pour effectuer l'exercice présenté précédemment.

Adaptation de l'exercice pour la visualisation

- « Imagine cette peine qui se trouve à l'intérieur de toi. »

- « Si elle avait une forme, à quel objet pourrait-elle ressembler ? »
- « As-tu besoin de cette peine à l'intérieur de toi ou est-elle trop douloureuse ? »
- « Accepterais-tu de te défaire de cet objet, de cette peine ? »
- « Imagine que tu prends cet objet et que tu le places dans une boîte. »
- « Préfères-tu te débarrasser de cette boîte ou l'entreposer pour un temps ? »

Selon la réponse du jeune, nous lui suggérons d'imaginer qu'il jette la boîte aux ordures ou qu'il l'entrepose dans un endroit donné.

Lorsqu'un enfant apprend à utiliser l'imagerie mentale et ce type d'exercice pour prendre de la distance et retrouver le contrôle de ses émotions, il se dote d'un outil dont il pourra bénéficier sa vie durant.

Chapitre 6

La colère

La colère possède plusieurs visages tels que l'agressivité, l'animosité, la fureur, la haine, l'irritabilité, la rage, le ressentiment et la violence. Ce sont des réactions émotives qui permettent d'extérioriser une forte pression interne créée par la peine et la peur. Nous utilisons la colère pour exprimer la frustration que nous causent les émotions pénibles lorsque nous sommes incapables de les exprimer autrement.

La colère chez les enfants de zéro à un an

Les cris et les hurlements produits par les jeunes enfants de zéro à un an traduisent toujours un sentiment de panique intense causée par la peur ou la douleur. C'est le seul moyen dont ils disposent pour extérioriser le malaise qu'ils ressentent. La période des coliques du nourrisson est l'exemple type de la colère du jeune bébé. La douleur le submerge et il hurle son désespoir. La seule intervention efficace face à cette forme de colère consiste d'abord à rester calme et ensuite à tenter de rassurer le bébé pour le soustraire à la panique qu'il éprouve.

La colère chez les enfants de un à trois ans

De un à trois ans, l'enfant utilise la colère pour faire connaître sa frustration lorsqu'il :

- refuse d'être seul ;
- ne parvient pas à atteindre un objet ;
- ne peut se rendre à un endroit déterminé ;
- ressent de la douleur ;
- ne veut pas aller au lit ;
- se fait enlever un jouet ;
- est incapable d'effectuer une tâche.

Certains enfants expriment de la colère à quelques occasions et il est relativement facile de les rassurer. D'autres semblent la développer comme mode de communication privilégié et reproduisent des crises de rage pendant lesquelles ils hurlent, trépignent, se roulent par terre, se frappent la tête contre le plancher et tentent de frapper les autres. Dans ces moments, ils perdent totalement le contrôle et sont habités entièrement par leur frustration. Ils doivent apprendre à exprimer autrement leur insatisfaction et réaliser que de telles crises sont inacceptables. Cependant, certains parents refusent d'entendre pleurer leur enfant et ils :

- ne le laissent jamais seul;
- lui donnent tous les objets qu'il désire;
- le transportent toujours vers les endroits qu'il veut atteindre;
- tentent de répondre à toutes ses attentes;
- effectuent la tâche que l'enfant ne parvient pas à réaliser;
- acceptent que l'enfant n'aille pas au lit même s'il est très fatigué.

Ils agissent ainsi par amour pour l'enfant, mais celui-ci n'apprend pas à composer avec la réalité qui l'entoure alors que cette dernière est remplie de frustrations potentielles.

Lorsqu'un jeune enfant fait montre de colère, la première intervention consiste toujours à tenter de le rassurer. Si celui-ci résiste et demeure enfermé dans sa colère, l'adulte doit se pencher à son niveau et lui dire calmement: « Non, cela suffit. » L'enfant a besoin de comprendre que la crise est inacceptable. Si la situation perdure, il est important de le placer en isolement, dans son lit par exemple, tout en s'assurant régulièrement qu'il est en sécurité. Lorsque la crise s'estompe, il est temps de le rassurer.

Un enfant veut l'attention de ses parents. S'il réalise que la colère lui apporte cette attention, il continue de l'utiliser. Si, au contraire, cette forme de comportement le prive de leur présence, il réalise rapidement qu'il vaut mieux ne pas s'en servir.

La colère chez les enfants de quatre ans et plus

Vers l'âge de quatre ans, l'enfant possède un langage bien articulé qui lui permet d'exprimer verbalement sa colère. À la panoplie de cris et de gestes brusques s'ajoutent des paroles méchantes et diverses menaces. À compter de cet âge, la colère peut se manifester quand il :

- n'obtient pas un privilège souhaité ;
- refuse de quitter la maison pour l'école ;
- ne reçoit pas l'attention voulue ;
- ne contrôle pas une situation ;
- se sent mis de côté par ses pairs ;
- doit s'astreindre à certaines règles.

Lorsqu'un enfant entre dans une colère ou est submergé par elle, il a peu de contrôle sur ses pulsions. S'il retire des bénéfices secondaires importants de la colère, comme l'attention de ses parents ou l'obtention de tous ses caprices, il risque de s'installer confortablement dans cette mauvaise habitude, peu importe les conséquences. Il faudra alors avoir recours à un exercice que nous verrons plus loin et qui traite de l'enfant rebelle.

Si on le réprimande après une forte colère et qu'elle s'accompagne de conséquences déplaisantes, l'enfant vit souvent un sentiment de culpabilité et d'impuissance qui le rend malheureux. À partir de l'âge de quatre ans, nous pouvons l'aider à maîtriser rapidement sa colère. Lorsqu'elle se traduit par des crises de rage, de la fureur, de l'agressivité ou de la violence, il est important de doter l'enfant d'un outil qui lui permette de se maîtriser.

LE PROCÉDÉ À SUIVRE

- Nous choisissons un moment où l'enfant est calme.
- Nous l'amenons à prendre conscience des méfaits que sa colère provoque sur lui-même et des conséquences néfastes qu'elle lui apporte (impression d'être méchant, punitions, rejet des pairs, etc.).
- Nous lui demandons s'il en a assez des conséquences néfastes.
- Nous lui expliquons que lorsqu'il ressent de la colère, il est comme une bombe prête à exploser.
- Nous lui suggérons d'imaginer une bombe avec des fils de plusieurs couleurs, dont un fil rouge. S'il préfère, il peut dessiner une bombe.
- Nous lui indiquons qu'il doit couper ou arracher le fil rouge pour désamorcer la bombe et qu'il peut le faire chaque fois que la colère monte en lui.
- Par la suite, dès que nous sentons sa colère monter, nous lui suggérons de couper le fil rouge de sa bombe en lui rappelant les conséquences pénibles: «Il serait préférable que tu coupes le fil de la bombe, sinon c'est encore toi qui vas devoir payer les pots cassés. Ce serait vraiment dommage.»
- L'enfant possède dès lors un outil concret et efficace qui lui permet de contrôler sa colère.

Les formes déguisées de la colère

Lorsqu'un enfant comprend qu'il ne peut plus utiliser les crises de rage, la fureur, l'agressivité et la violence, il peut parfois développer de nouvelles expressions de colère qui sont plus sournoises, mais très destructrices telles que la passivité, la rancune, la bouderie, l'irritabilité, l'intransigeance, l'impatience et la haine.

Le comportement passif-agressif

L'enfant qui manifeste une forte passivité face aux demandes, qui semble toujours obéir à contrecœur ou faire traîner les situations, démontre habituellement une forme de colère contre son entourage qu'il ne parvient pas à exprimer autrement. Il maintient l'attitude inadéquate malgré les menaces de sanction parce qu'il a besoin d'exprimer sa colère et qu'il n'ose le faire plus ouvertement par peur du rejet ou de l'abandon.

La rancune

Le ressentiment est une animosité que l'enfant entretient à l'égard d'un parent, d'un pair, d'un voisin ou d'un enseignant à la suite d'une impression d'avoir été traité injustement par celui-ci. Cette rancune peut se traduire par de l'agressivité, de la violence, de la bouderie ou de la passivité, selon qu'elle est évidente ou dissimulée. La rancune cache toujours de la peine et de la peur. Même si l'enfant est conscient que la rancune est un vilain sentiment, il risque de s'y attacher aussi longtemps que les émotions qu'elle recouvre ne sont pas extériorisées.

La bouderie

La bouderie constitue un mode d'expression de la colère qui évite d'avoir à utiliser les mots, ce qui rend souvent le message difficile à comprendre. Il s'agit là d'une forme de punition que l'enfant inflige à la personne contre laquelle la colère est tournée : la faire souffrir par son indifférence. La bouderie ne dure jamais longtemps parce qu'elle implique que l'enfant se retrouve seul, ce qu'il déteste.

L'irritabilité

L'enfant facilement irritable a développé la colère comme mode visant à attirer l'attention et à soumettre l'entourage à ses désirs. Il s'agit d'une forme inconsciente de manipulation qui perdure aussi longtemps qu'il en retire des bénéfices. Cet enfant compose difficilement avec la frustration qui, elle, est partie intégrante de la vie quotidienne.

L'intransigeance

L'enfant intransigeant exige continuellement des autres de l'attention, des résultats ou des réponses affirmatives à ses demandes. Il n'accepte ni le refus, ni l'échec, ni l'erreur qui ont chacun la capacité de le pousser instantanément dans des accès de colère. L'intransigeance constitue une vive intolérance à la frustration.

L'impatience

L'impatience est une incapacité à se contraindre ou à attendre, qui dérive directement d'une difficulté à accepter la frustration. L'enfant exige donc des résultats immédiats aux actions qu'il pose. L'impatience représente une forme de colère que l'enfant peut tourner contre lui-même s'il a de la difficulté à effectuer une tâche ou contre les autres s'ils tardent à répondre à ses demandes.

La haine

La haine est une forte hostilité qui pousse à vouloir faire du mal à quelqu'un. Chez l'enfant, la haine est toujours de courte durée. Quand il déclare: «Je le hais, je le déteste, je vais le tuer», il s'agit d'un simple cri de colère qui lui permet d'exprimer la souffrance qu'il ressent. Une fois la colère passée, la haine disparaît. Si celle-ci s'installe sur une base régulière chez un enfant, elle est obligatoirement alimentée consciemment ou inconsciemment par une personne de son entourage.

La maîtrise de la colère

Peu importe le mode d'expression qu'elle utilise, la colère est toujours un exutoire à la pression engendrée par une anxiété sous-jacente qui, elle, est déclenchée par de la peur et de la peine.

À RETENIR

Sous la colère, il y a toujours de la peur ou de la peine qui causent de l'anxiété.

Dans un premier temps, l'enfant doit apprendre que les gestes, les paroles et les comportements qui accompagnent la colère sont inacceptables. On peut ensuite le doter des outils que constituent l'imagerie de la bombe et celle de l'enfant rebelle pour lui permettre de maîtriser celle-ci.

Cependant, le seul moyen efficace d'aider un enfant à se défaire rapidement de ses habitudes colériques consiste à lui permettre de déterminer ses peurs et ses peines et de l'aider à s'en défaire, comme nous l'avons indiqué dans les chapitres précédents et, comme nous le verrons, dans celui qui touche l'enfant rebelle (à ce sujet, voir le chapitre 8).

Les peurs et les peines qui sous-tendent la colère

Les crises de rage, la fureur, l'agressivité ou la violence constituent des réactions impulsives qui traduisent une frustration liée à la peur d'être rejeté, oublié, abandonné ou mis de côté et dans laquelle la raison n'arrive pas à se manifester. Le jeune enfant considère souvent le refus à une de ses demandes comme un rejet de sa personne. Il croit ainsi que son vis-à-vis ne l'aime pas, ce qui lui apparaît dramatique car il a besoin de l'autre pour ne pas être seul et se retrouver face à un vide.

La colère impulsive

On est porté à croire qu'un jeune enfant colérique est gâté, qu'il a mauvais caractère et qu'il aurait besoin d'être dressé, tel un animal sauvage. La réalité est beaucoup plus simple : il a besoin d'apprendre qu'un refus n'est pas un rejet, que le monde ne s'écroule pas et que la vie continue lorsqu'on lui enlève un objet ou que l'autre n'est pas immédiatement disponible. On peut lui enseigner cela en maintenant le refus tout en lui parlant et en demeurant en contact avec lui.

« Non, tu ne peux pas avoir cet objet, mais essayons d'en trouver un autre. »

« Je ne peux pas jouer avec toi pour l'instant, mais je t'aime et nous jouerons plus tard. »

« Ton ami ne veut pas jouer avec toi ? C'est triste, mais tu n'es pas seul, je suis là. »

Ce type d'intervention a pour but de reconnaître la peine de l'enfant tout en dédramatisant la situation et en le rassurant. Après quelques interventions du genre, l'enfant commence à réaliser qu'un refus n'a rien de critique. La panique disparaît et les comportements colériques s'estompent.

Cependant, si l'enfant n'apprend pas à faire la différence entre le refus à une demande et le rejet de sa propre personne, il conserve en lui cette équation qui risque de le suivre toute sa vie durant et de maintenir de nombreux comportements violents et diverses autres formes de colère.

La colère déguisée

La rancune, la haine, la passivité, l'irritabilité, la bouderie, l'intransigeance et l'impatience recouvrent elles aussi des peines et des peurs inconscientes. Outre la peur du vide liée à l'abandon, au rejet et à la trahison, on rencontre principalement chez les enfants qui utilisent ces formes de colère la peur de n'avoir pas assez de valeur pour mériter l'amour et le bonheur, ainsi que celle de n'être pas suffisamment compétent. Ces peurs créent une forte pression en lui, et en utilisant le ressentiment, l'intransigeance et les autres formes de colère déguisée, il tente de se convaincre qu'il n'a pas mérité le traitement reçu et que ce sont les autres qui doivent être punis pour leurs agissements.

Pour aider un enfant à se défaire de ces mauvaises habitudes et éviter qu'elles le poursuivent toute sa vie, le seul travail qui soit réellement efficace consiste à lui faire prendre conscience des peurs qui l'habitent relativement à sa valeur et à sa compétence, et de travailler ces dernières comme nous l'avons proposé dans le quatrième chapitre.

Chapitre 7

Les fausses croyances de l'enfance

Une croyance est la certitude qu'une chose existe ou la conviction qu'une situation représente la vérité. Les premières croyances de l'enfant lui sont transmises par les personnes qui l'entourent et, lentement, il en développe de nouvelles à la suite des expériences qui se succèdent. La plupart des croyances sont réalistes, mais il en existe certaines qui sont irrationnelles parce qu'elles sont non conformes à la logique et à la réalité.

La crédulité de l'enfant

L'enfant de moins de six ans croit au père Noël, aux fées, au lapin de Pâques, aux monstres, aux animaux qui parlent, à la magie ainsi qu'à la toute-puissance de ses parents et à la sienne. La petite enfance est l'époque de l'émerveillement et de la crédulité étant donné que la logique qui viendrait démontrer le côté irrationnel de ces croyances n'existe pas encore. La plupart des convictions s'ajustent et se modifient au fil des ans selon les nouvelles données qui s'ajoutent et que la logique vient filtrer. Cependant, il existe en chacun de nous un petit enfant qui survit, qui est capable de s'émerveiller et qui aimerait parfois encore croire au fantastique et à l'irrationnel.

La fausse croyance primaire

Comme nous l'avons vu précédemment, un bébé est démuni devant un monde qui est trop grand pour lui et dans lequel il a besoin de repères solides pour se sentir en sécurité. Cette sensation le pousse à croire :

- que seul il n'est rien ;
- qu'il a absolument besoin d'être avec quelqu'un ;
- qu'en dehors de son milieu connu n'existe que le vide.

La fausse croyance primaire chez l'être humain :
« La solitude égale le vide. »

Sur le plan psychologique, cette croyance alimente les peurs du rejet et de l'abandon et, par là même, elle est une source d'anxiété chez l'enfant. Cette croyance en vient à prendre d'autres visages au fil des mois, à mesure que le bébé découvre des repères extérieurs à sa famille et à son environnement immédiat. Cependant, elle ne disparaît pas toujours complètement. Parfois, elle se modifie et crée d'autres types de croyances irrationnelles.

La disparition de la fausse croyance primaire

Parce qu'il a l'impression de ne pas exister sans la présence des autres, le bébé cherche donc à s'assurer de l'attention constante d'autrui. À compter de l'âge de deux ans, il développe des pensées inconscientes et des comportements qui visent à éliminer le danger de rejet ou d'abandon et, par là même, à diminuer son anxiété. Il commence ainsi à développer sa personnalité et à s'ajuster à la vie :

- il tient compte des demandes extérieures ;
- il est capable de s'amuser ;
- il apprend à accepter les règles et à reconnaître la présence de limites ;
- il découvre que le monde continue d'exister même lorsqu'il est seul ;
- il comprend qu'il ne peut pas tout faire ni tout contrôler.

À travers ces acquisitions, la fausse croyance de départ s'estompe et l'enfant développe lentement une vie qui lui est propre. Bien sûr, il a encore besoin des autres, mais il n'a plus l'impression que leur présence est essentielle à sa survie. L'enfant qui parvient à intégrer ces différents apprentissages développe des certitudes qui lui assurent un sentiment de sécurité et un certain équilibre.

Le maintien de la fausse croyance primaire

Malheureusement, cette croyance qui lui enseigne qu'il ne peut exister sans la présence des autres ne disparaît pas toujours aussi facilement. Certains enfants la tiennent pour acquise et développent des pensées irrationnelles qui subsistent pendant plusieurs années et qui visent à contrer le danger qu'elle représente. Ainsi, l'enfant dont on dit qu'il est trop parfait et, à l'opposé, celui qui est extrêmement dérangeant, présentent tous deux des symptômes anxieux: leur attitude existe en réponse à une inquiétude profonde.

L'enfant parfait

L'enfant trop sage croit toujours que la solitude égale le vide et il a développé la pensée suivante pour contrer les dangers de rejet et d'abandon.

«Je dois être TOUJOURS gentil et poli pour qu'on m'aime et qu'on me garde.»

Cette pensée incite l'enfant à être très sage, obéissant, parfait et même obséquieux, presque trop gentil pourrait-on dire, le poussant à adopter des comportements de servilité, de perfectionnisme, de passivité, de soumission et de complaisance. Cet enfant ne vit pas, il est dans un mode de survie qui exige une vigilance constante. Il dépend de l'attention que les autres lui portent et il ne parvient pas à développer une intériorité qui lui apporterait un sentiment de sécurité.

L'enfant dérangeant

L'enfant dérangeant a de la difficulté à s'arrêter. Il est toujours en activité, formule constamment des demandes et cherche à attirer l'attention par tous les moyens. Il a développé une pensée qui vise à contrer le danger qu'on l'oublie et qu'on l'abandonne.

«Je dois TOUT faire pour qu'on n'oublie pas que je suis là.»

Cette pensée incite l'enfant à attirer l'attention des adultes par divers moyens, habituellement bruyants et dérangeants, afin que l'on n'oublie pas qu'il existe. Il risque de présenter de l'hyperactivité, des exigences répétitives, des crises de colère, de l'intransigeance, de l'agressivité et même de la violence. Il a adopté un mode de fonctionnement de survie dans lequel il est entièrement dépendant de l'attention qu'on lui porte. Il est prêt à accepter les critiques, les réprimandes et les punitions, pour autant que l'on n'oublie pas qu'il existe.

«Je dois être TOUJOURS gentil et poli pour qu'on m'aime et qu'on me garde» ou «Je dois TOUT faire pour qu'on n'oublie pas que je suis là.» Voilà donc deux pensées qui peuvent entraîner des comportements et attitudes diamétralement opposés et qui pourtant poursuivent un seul et même but: ne pas se retrouver seul. Qu'il soit parfait ou dérangeant, l'enfant qui fonctionne selon l'une de ces pensées croit encore à tort que la solitude équivaut au vide et qu'il est incapable de survivre sans la présence des autres.

Déloger la fausse croyance primaire

Nous pouvons éviter une grande source d'anxiété à nos enfants en leur permettant de se défaire de cette fausse croyance qui risque de les accompagner pendant de nombreuses années et peut-être même toute leur vie durant. Nous diminuerons ainsi les possibles risques de dépendance affective, de perfectionnisme, d'hyperactivité, de passivité, de soumission, d'agressivité et de violence.

Tout enfant qui présente des signes d'anxiété abrite cette croyance primaire à un niveau plus ou moins élevé et de manière plus ou moins inconsciente. Il a besoin d'apprendre qu'il est capable de se débrouiller par lui-même et que le monde ne s'écroule pas lorsqu'il se retrouve seul. Le fait d'obliger le jeune enfant à de courts moments de solitude pendant lesquels nous venons le rassurer régulièrement lui permet de réaliser que la vie continue même lorsqu'il se retrouve seul.

L'enfant parfait a besoin qu'on lui démontre qu'il a le droit de faire du bruit, de demander des choses ou de faire de petites gaffes sans que cela compromette notre amour pour lui. On peut le lui enseigner par différents jeux dans lesquels nous-mêmes sommes bruyants ou gaffeurs. Le fait de rire avec l'enfant de telles situations les rend moins dramatiques à ses yeux.

L'enfant dérangeant a besoin de limites plus rigides tout en comprenant qu'il est impossible qu'on l'oublie: «Je sais que tu es là, même si je ne te regarde pas.» Le fait de placer l'enfant en retrait lorsqu'il est très dérangeant lui enseigne que de tels comportements entraînent l'effet contraire à celui recherché et l'aide à réaliser que la vie continue, même si le parent n'est pas constamment en vue.

La fausse croyance relative au plaisir

Dès sa naissance, l'enfant est doté d'un instinct qui le pousse à refuser le déplaisir. Il ne connaît pas encore le plaisir d'avoir du lait chaud dans l'estomac ni celui lié au fait d'être au sec, mais il ressent la contrariété causée par la faim ou par le fait d'avoir les fesses détrempées. Il fait alors connaître son malaise par des pleurs et des cris. Au fil des mois, il apprend à composer avec les différents désagréments que comporte la réalité, mais l'instinct qui le pousse à éviter le déplaisir demeure présent toute sa vie.

Parce qu'il possède cette propension à vouloir être bien et éviter toute forme de déplaisir, l'enfant est porté à croire que la vie devrait automatiquement répondre à ses attentes. De là vient la croyance irrationnelle:

«La vie doit TOUJOURS être belle et bonne et nous procurer du plaisir.»

Certains enfants apprennent rapidement à modifier cette pensée et à composer avec la frustration, ce qui leur procure une certaine sérénité. D'autres parviennent plus difficilement à la maîtriser et continuent à refuser le déplaisir que toute vie apporte, vivant ainsi des frustrations continuelles.

La disparition de la fausse croyance relative au plaisir

L'enfant naît donc avec un instinct le poussant à l'évitement du déplaisir et à la croyance que tout devrait être facile. Rapidement, il doit cependant affronter une réalité qui non seulement ne permet pas tous les plaisirs mais qui, en plus, comporte de nombreux déplaisirs inévitables. À travers les refus et les délais, il découvre :

- qu'il lui faut parfois attendre pour obtenir la satisfaction d'un besoin;
- qu'il ne peut obtenir tout ce qu'il désire ;
- que les autres ont aussi leur importance ;
- que certaines souffrances sont inévitables ;
- que tout n'est pas facile ;
- qu'il n'est pas le centre du monde.

C'est ainsi qu'il apprend à composer avec l'environnement physique et humain ainsi qu'avec les limites que celui-ci impose. En développant une acceptation des règles inhérentes à la vie, même lorsqu'elles ne lui sont pas favorables, il pose les bases d'une sérénité et d'un sentiment de sécurité.

Le maintien de la fausse croyance relative au plaisir

Au contraire, l'enfant qui refuse de se soumettre aux exigences de l'environnement, de ses parents ou de ses pairs est en lutte constante et vit de la frustration sur une base régulière. Il tient pour acquis que la vie devrait toujours être facile et agréable et développe des pensées irréalistes et des comportements inadéquats qui y sont directement liés. Ainsi, l'enfant dont on dit qu'il ne demande jamais rien et celui qui est extrêmement exigeant présentent tous deux des symptômes anxieux : leur attitude existe en réponse à une même inquiétude profonde relativement au sens de la vie.

Peur d'être frustré	Acceptation de la frustration	Refus d'être frustré
L'enfant passif (anxiété)	L'enfant serein	L'enfant exigeant (anxiété)

Lorsqu'un enfant n'apprend pas à accepter la frustration, il développe des pensées qui peuvent le conduire à des comportements inappropriés et qui provoquent chez lui de l'anxiété.

L'enfant qui ne demande rien

L'enfant qui n'exprime pas ses besoins ou qui hésite à faire des demandes craint par-dessus tout le déplaisir que lui procureraient un refus et la déception qui s'ensuivrait. Pour éviter cette contrariété, il a développé la pensée suivante :

« Il vaut mieux ne rien demander pour ne pas être déçu. »

Cette pensée se présente lorsque la déception est considérée par l'enfant comme une immense source de déplaisir et qu'elle est ainsi plus pénible à assumer que la privation de l'objet convoité. Elle l'incite à être effacé, à se satisfaire de peu et à tenter de tout réussir par lui-même sans rien demander à personne. Les comportements qui peuvent apparaître sont, entre autres, la servilité, la passivité, le perfectionnisme et le repli sur soi. Cet enfant est en mode de survie et ressent ainsi une sécurité relative, car cette pensée le protège un peu de l'anxiété liée à de possibles déceptions. Cependant, il s'agit d'un enfant qui est triste parce qu'il ne vit pas réellement.

L'enfant exigeant

À l'opposé, certains enfants sont extrêmement exigeants et acceptent difficilement le refus. Ils croient que tout leur est dû et que si on les aime, on doit répondre positivement à leurs attentes. Ils semblent ne pas comprendre qu'un NON est un NON, mais cherchent plutôt à contourner la rebuffade par divers moyens. Ils ont développé une pensée qui vise à leur éviter le déplaisir occasionné par un refus :

« Il faut tout faire pour obtenir ce que l'on veut. »

Cette conviction se trouve chez l'enfant assuré de l'amour d'autrui et qui sent un certain laxisme chez les autres. Il demande, revient à la charge régulièrement et exige la satisfaction de son désir par divers comportements inadéquats : crises de colère et de rage, agressivité, bouderie, manipulation, intransigeance et impatience. L'enfant exigeant ne possède pas un juste portrait des limites imposées par la réalité. Il est en mode de survie et ressent ainsi une sécurité relative, car cette pensée le protège un peu de l'anxiété liée à de possibles déceptions. Cependant, il s'agit d'un enfant qui vit constamment dans la peur.

« Il vaut mieux ne RIEN demander pour ne pas être déçu » et « Il faut TOUT faire pour obtenir ce que l'on veut », deux pensées opposées qui desservent le même objectif de ne pas souffrir face à un possible déplaisir causé par la déception ou par un refus. L'enfant qui fonctionne selon l'une de ces pensées croit, encore à tort, que le déplaisir est trop difficile à assumer.

Déloger la fausse croyance relative au plaisir

Puisque cette croyance qui dit que « la vie devrait TOUJOURS être belle et bonne et nous procurer du plaisir » ne correspond pas à la réalité, elle crée de l'inquiétude chez les enfants qui l'abritent. Nous pouvons leur éviter cette forme d'anxiété en leur permettant de se défaire de cette croyance qui, si elle n'est pas circonscrite rapidement, risque de détruire leur vie adulte sur différents plans. À la longue, ils peuvent soit développer de la passivité, de l'oubli de soi, de la tristesse, de la dépression et de l'autodestruction, soit devenir arrogants, orgueilleux et même tyranniques.

Ces enfants ont besoin d'apprendre qu'une déception ou un refus n'est pas dramatique et ne signifie pas la fin de tout. Il est important d'inciter l'enfant qui ne demande jamais rien à prendre conscience de ses besoins et de ses désirs et à les exprimer ouvertement, même s'il n'est pas toujours possible de les combler. Au contraire, l'enfant très exigeant a besoin d'apprendre qu'il ne peut voir tous ses besoins et désirs satisfaits et qu'il doit maîtriser la frustration consécutive à un refus. Cet apprentissage se fait dans le cadre de limites strictes qui s'accompagnent de conséquences découlant du nonrespect des règles établies.

La fausse croyance relative à la toute-puissance

Les jeunes enfants ont un sentiment d'omnipotence très développé qui les amène à croire que tout est possible, qu'ils sont capables de tout faire, de tout réussir et de tout obtenir. La réalité leur pose rapidement divers obstacles et frustrations qui s'accumulent et les font lentement réaliser qu'il existe de nombreuses limites à leur pouvoir et à leur capacité de contrôle. Lorsqu'ils parviennent à reconnaître et à accepter qu'ils ne sont pas tout-puissants, ils acceptent les limitations et trouvent une forme de sécurité dans l'encadrement que celles-ci procurent. Certains enfants refusent cependant de renoncer à cette fausse croyance, même si la réalité leur apporte la preuve du contraire. Ils continuent de penser:

«Il est normal de pouvoir tout faire, tout réussir et tout obtenir.»

Ils acceptent difficilement les refus, les échecs et les erreurs, et chaque preuve de leur impuissance leur procure de fortes frustrations.

La disparition de la fausse croyance relative à la toute-puissance

Pour avoir la possibilité de diminuer la croyance en son omnipotence, l'enfant a besoin de balises et de règles qui soient claires, prévisibles et constantes. Il découvre ainsi:

- qu'il lui est impossible de tout obtenir;
- qu'il n'a pas la capacité de tout réussir;

- qu'il ne peut exercer un contrôle sur les autres ;
- qu'il ne peut exercer un contrôle sur les événements ;
- que sa liberté s'arrête là où commence celle des autres.

Il apprend ainsi à reconnaître ses propres limites et construit son identité en tenant compte de la réalité. De plus, il développe le respect envers les autres, car il sait qu'il a besoin d'eux et que, de ce fait, ils sont importants.

Le maintien de la fausse croyance relative à la toute-puissance

Certains enfants parviennent difficilement à contrer cette fausse croyance et continuent de croire profondément qu'ils ont la capacité de tout contrôler. Ils n'ont pas appris à tenir compte de la réalité qu'ils doivent affronter, même si celle-ci leur cause des frustrations de façon répétitive. Ils développent différentes formes de colère, qu'ils tournent contre les autres ou contre eux-mêmes. Le refus d'accepter le fait qu'ils aient des limites les amène à vivre des sentiments d'impuissance, d'incompréhension et d'injustice qui sont créateurs d'inquiétude et donc, d'anxiété. Certains enfants croient fermement qu'ils devraient être tout-puissants, et quand ils réalisent qu'ils ne le sont pas, ils développent une forte mésestime d'eux-mêmes. À l'opposé, d'autres enfants s'accrochent à cette croyance et y trouvent une motivation intarissable.

L'enfant qui n'a pas d'estime de soi

L'enfant qui n'a pas confiance en lui et qui semble manquer d'estime de soi est persuadé qu'il devrait avoir TOUTES les capacités et le potentiel pour TOUT réussir. Cette croyance en la toute-puissance le pousse à s'évaluer sur une échelle de perfection, ce qui entraîne la pensée :

« Si je ne parviens pas à tout réussir, je suis un bon à rien. »

Cette idéologie, qui relève du perfectionnisme, amène l'enfant à se percevoir comme incompétent et donc, peu digne d'intérêt et d'amour. Pour éviter que les autres s'aperçoivent de son « inaptitude », il peut développer inconsciemment des comportements de passivité et de paresse car s'il ne fait rien, il ne risque pas d'échouer et de faire connaître l'incompétence qu'il croit être la sienne. Cet enfant vit un repli sur soi dans lequel l'inaction devient un mode de survie et lui procure une sécurité relative. Si la croyance se rapportant à la toute-puissance n'est pas délogée chez cet enfant, les problèmes risquent de s'accumuler, augmentant de plus en plus sa mésestime de soi et les troubles qui y sont associés.

L'enfant trop sûr de lui

Certains enfants semblent avoir une confiance en soi inébranlable. Ils sont fonceurs et tiennent souvent le rôle de leader lorsqu'ils se trouvent avec les pairs. Ils peuvent se montrer très exigeants envers eux-mêmes et envers les autres, quand ils ne sont pas carrément tyranniques. Ils fonctionnent selon la pensée :

«Je suis capable de tout réussir et de tout obtenir.»

Cette certitude se retrouve chez les enfants qui n'ont pas appris à reconnaître les limites qu'impose la réalité et qui se posent en maîtres de leur environnement. Pour parvenir à leurs fins, ils cherchent à tout contrôler et régenter en utilisant au besoin la colère, la flatterie, la manipulation, l'intransigeance ou la drôlerie. Cette pensée irrationnelle suscite souvent une forte rigidité d'esprit qui pousse l'enfant à développer des comportements teintés de perfectionnisme et d'orgueil, de l'hyperactivité, de la frustration et du mépris. De plus, il est constamment inquiet parce qu'il doit sans cesse trouver de nouveaux moyens pour contrôler un environnement qu'il lui est impossible de maîtriser dans les faits.

Changer les fausses croyances chez les enfants

Lorsqu'un enfant est trop parfait, dérangeant, trop calme, exigeant, sans estime de soi, trop sûr de lui, extrêmement timide, tyrannique, hyperactif, passif ou paresseux, il y a fort à parier qu'il abrite en lui une ou plusieurs fausses croyances de l'enfance ainsi que les pensées qui leur sont associées.

Fausses croyances de l'enfance	Pensées qui incitent aux attitudes de retrait	Pensées qui poussent aux comportements inadéquats
La solitude égale le vide.	Je dois toujours être gentil pour être aimé.	Il ne faut jamais que les autres oublient que je suis là.
La vie doit toujours être belle et bonne et nous procurer du plaisir.	Il vaut mieux ne jamais rien attendre afin de ne pas être déçu.	Il faut tout faire pour obtenir ce que l'on veut.
Il est normal de pouvoir tout faire, tout réussir et tout obtenir.	Il vaut mieux ne rien entreprendre si je ne suis pas assuré de réussir.	Je suis capable de toujours tout faire et tout réussir.

Chez les enfants de deux à cinq ans

À compter de l'âge de deux ans, on peut commencer à percevoir chez l'enfant les attitudes et les comportements qui dénotent la présence de fausses croyances et les aider à modifier ces dernières par des interventions telles que :

- Apprendre à l'enfant qu'il est normal :
  - de n'être pas parfait ;
  - de ressentir des déceptions ;
  - de ne pas être compétent dans tous les domaines.
- L'amener à accepter :
  - que nous savons qu'il est là, même lorsque nous ne le regardons pas ;
  - qu'il est impossible de ne vivre que le plaisir ;

– qu'il n'y a personne qui soit tout-puissant dans quelque domaine que ce soit.

Ces interventions se font par des explications vraiment très simples et brèves, car le jeune enfant n'a pas encore développé sa capacité logique. Lorsque l'enfant fait également preuve de comportements inadéquats, il s'avère important d'ajouter à la parole des conséquences comme le retrait temporaire.

Chez les enfants de six ans et plus

L'enfant de six ans possède des éléments de logique qui lui permettent de bien connaître les règles qui encadrent son environnement : il peut comprendre ce qui est acceptable et ce qui ne l'est pas et connaît les obligations et les interdictions qui régissent la vie en groupe. Sur ce simple constat, on pourrait croire que du moment où sa logique se développe, il est apte à se conformer aux règles édictées. Il est capable de le faire, mais la présence de fausses croyances et de pensées irrationnelles peut empêcher la logique de prendre sa juste place.

Nous pouvons alors utiliser un exercice simple et amusant qui permet à l'enfant de ramener la pensée irrationnelle au niveau de la conscience et de la modifier en une pensée plus conforme à la réalité.

LE PROCÉDÉ À SUIVRE

- Déterminer clairement, parmi les six pensées irrationnelles suivantes, quelle est celle qui habite l'enfant :
  - je dois toujours être gentil pour être aimé ;

- il ne faut jamais que les autres oublient que je suis là ;
- il vaut mieux ne jamais rien attendre afin de ne pas être déçu ;
- il faut tout faire pour obtenir ce que l'on veut ;
- il vaut mieux ne rien entreprendre si je ne suis pas assuré de réussir ;
- je suis capable de toujours tout faire et tout réussir.

- Amener l'enfant à prendre conscience qu'il possède cette croyance, qu'il « entend cette phrase dans sa tête ».
- Lui expliquer que c'est comme s'il y avait une cassette, un CD ou un DVD qui joue dans sa tête et répète toujours cette même phrase.
- L'amener à vouloir changer cette pensée en lui démontrant les impacts négatifs qu'elle a sur lui (tristesse, solitude, déception, punitions, etc.).
- Lui offrir une pensée plus réaliste en lui démontrant le côté rationnel de celle-ci par des exemples dans sa vie quotidienne :
  - je fais parfois des erreurs, mais les gens m'aiment quand même ;
  - les autres savent que j'existe, même lorsqu'ils ne me voient pas ;
  - c'est triste d'être déçu, mais c'est agréable d'avoir des rêves ;
  - il est impossible de toujours obtenir ce que l'on désire ;

- il n'y a personne de parfait;
- personne n'a la possibilité de tout réussir dans tous les domaines.

- Lorsqu'il accepte la nouvelle forme de pensée, nous continuons l'exercice d'imagerie. Nous lui demandons d'imaginer qu'il se rend dans un magasin d'électronique afin de se procurer une cassette, un CD ou un DVD, qui contient la nouvelle croyance et qu'il installe dans sa tête à la place de l'ancienne. Nous lui demandons d'effectuer des tests pour nous assurer qu'il entend bien la nouvelle phrase appropriée.
- Lorsque la séance d'imagerie est terminée, la pensée est modifiée et l'attitude change automatiquement en quelques jours ou quelques semaines.

Lorsque des comportements inadéquats se sont installés chez un enfant de 6 à 12 ans, le fait de modifier les pensées irrationnelles ne suffit pas toujours à faire disparaître les agissements inappropriés, car l'enfant a appris à retirer des bénéfices secondaires associés à ceux-ci. Nous verrons maintenant comment amener l'enfant à reprendre lui-même la maîtrise de ces comportements.

Chapitre 8

Les comportements inadéquats ou la partie rebelle

Nous avons vu que les fausses croyances et les pensées irrationnelles qui y sont rattachées peuvent entraîner des comportements inappropriés chez les enfants. Parmi ceux-ci, nous trouvons les crises de colère et de rage, la bouderie, la manipulation, la servilité, l'hyperactivité, le perfectionnisme, l'agressivité, la violence, la passivité, la paresse et l'égoïsme.

Les crises de colère et de rage

Ces crises se manifestent plus souvent durant les trois premières années de vie de l'enfant. Il peut pleurer, crier, hurler, se rouler par terre, se taper la tête contre les murs ou le sol, frapper les autres et aller même jusqu'à vomir lorsqu'il perd totalement la maîtrise de lui-même. Un certain encadrement apprend à l'enfant à dominer les impulsions de colère, alors que l'acquisition du langage lui permet d'exprimer verbalement sa frustration.

Les enfants qui conservent plus longuement cette forme d'expression le font habituellement parce qu'ils y trouvent des bénéfices importants, par exemple l'attention des autres, l'obtention des plaisirs souhaités ou l'impression de pouvoir exercer un contrôle sur l'entourage. Ces trois bénéfices répondent directement aux fausses croyances de l'enfance telles que nous venons de les voir.

Ces crises s'estompent souvent avec la fréquentation scolaire, alors que l'enfant est face à des règles plus strictes, à des conséquences directes et au jugement de ses pairs. La logique qui s'installe lui permet d'encadrer quelque peu les pulsions colériques qui l'habitent, mais celles-ci peuvent se modifier en d'autres formes d'expression plus subtiles.

La bouderie

La bouderie est une forme de colère non dite que l'enfant utilise habituellement vers l'âge de quatre et cinq ans. C'est sa façon d'exprimer la frustration et de dire sans utiliser les mots :

- « Je suis en colère contre toi. »
- « Je ne t'aime plus. »
- « Vois comme je suis malheureux. »

C'est une manière détournée de jouer sur l'insécurité des parents. S'il sent qu'il est capable de manipuler ceux-ci par la bouderie, celle-ci risque de s'installer d'une façon permanente et de devenir une forme privilégiée d'expression de la colère. Ce comportement ne tient habituellement pas la route à l'extérieur du foyer, car l'enfant se heurte alors à l'indifférence ou aux moqueries des pairs. Un enfant n'utilise jamais longtemps un comportement qui ne donne pas les résultats attendus.

L'agressivité et la violence

L'agressivité est un mode de communication non verbal qui entraîne de nombreux comportements inappropriés chez les enfants : désobéissance, entêtement, crises, coups, morsures, paroles méchantes et autres formes de violence.

L'enfant qui fait montre d'agressivité ou de violence envers sa fratrie et ses pairs a peur. Il craint l'abandon, la solitude et la compétition sur le plan de la recherche d'attention. L'agressivité devient sa façon de dire :

- « N'oubliez pas que je suis là. »
- « Enlevez-vous de ma route. »
- « Ne me faites pas de mal. »

Le mode offensif qu'il utilise devient un mécanisme de défense contre une souffrance qu'il anticipe. Chez les jeunes enfants, l'agressivité se contrôle par un encadrement approprié et l'établissement de règles claires. L'enfant d'âge scolaire qui conserve des comportements agressifs et violents est souvent réfractaire à la discipline et réagit très peu aux punitions et aux conséquences négatives.

Ses comportements inadéquats visent à lui éviter la souffrance et, pourtant, c'est exactement ce résultat qu'il obtient en affrontant régulièrement le rejet, la critique et l'isolement. Cet enfant a besoin d'aide, mais toute intervention visant à lui expliquer les multiples raisons pour lesquelles il devrait modifier son comportement risque de s'avérer futile et inutile. Il les connaît déjà, mais il les oublie dès que les instincts colériques se manifestent. Le seul moyen efficace d'aider l'enfant est de lui donner une emprise directe sur son mode pulsionnel.

L'hyperactivité

De nos jours, l'hyperactivité est presque considérée comme une maladie et c'est d'ailleurs principalement avec les médicaments, tel le Ritalin, qu'elle est traitée. Elle s'est répandue comme une épidémie et touche un très grand nombre d'enfants. Dans les faits, l'hyperactivité n'est pas une maladie. Elle représente une fuite, un mode de survie que l'enfant utilise face à une forte panique. Il s'étourdit. Il refuse de ressentir et d'affronter les peurs qui l'habitent :

- peur de vivre ;
- peur de souffrir ;
- peur de se retrouver seul ;
- peur de reconnaître son impuissance ;
- peur de réaliser qu'il lui est impossible de tout contrôler.

Il doit affronter régulièrement les contreparties néfastes de son mode de fonctionnement, comme le rejet, la mise à l'écart, les réprimandes, les punitions et, parfois, les mauvaises notes scolaires. Qu'il ait cinq, huit ou dix ans, sa réaction de panique ramène son comportement à celui d'un jeune enfant chez qui la logique n'est pas encore développée. Il faut donc le doter d'un outil efficace qui permettra à sa logique de se mettre en place dès les premiers signes de panique.

La manipulation

La manipulation psychologique est une technique qui permet d'obtenir de quelqu'un qu'il fasse quelque chose qu'il ne veut pas faire sans qu'il s'en aperçoive. Tous les enfants essaient, un jour ou l'autre, diverses techniques de manipulation pour tenter de parvenir à leurs fins. Si elles ne fonctionnent pas, ils les oublient rapidement. Cependant, si elles donnent des résultats positifs, ils les conservent aussi longtemps qu'elles sont efficaces. C'est ce qui se produit lorsqu'un adulte :

- cède au chantage d'un enfant pour faire cesser ses pleurs ou ses hurlements ;
- se plie aux demandes de l'enfant pour ne pas se sentir mauvais parent ;
- ressent la bouderie de l'enfant comme un rejet ;
- succombe au charme de l'enfant pour ne pas se sentir odieux ;
- répond aux flatteries de l'enfant en lui donnant ce qu'il désire pour le récompenser de sa gentillesse.

Lorsqu'un enfant réalise que certaines formes de manipulation lui permettent d'obtenir la satisfaction de ses désirs, il les conserve comme mode privilégié d'interaction et développe la croyance qu'ils sont normaux et adéquats.

Pour faire cesser la manipulation, l'adulte doit d'abord prendre conscience de la présence de celle-ci et refuser de s'y soumettre. Cependant, un enfant plus âgé et qui a obtenu de nombreux bénéfices par la manipulation risque de s'y accrocher fermement. Il faut l'amener à prendre conscience qu'il agit comme un bébé gâté qui refuse tout déplaisir et lui donner un moyen efficace pour contrôler sa partie « bébé ».

La passivité et la paresse

Les enfants naissent avec une propension à bouger, toucher, expérimenter et aller de l'avant. C'est la raison pour laquelle on ne verra pas d'attitude de passivité chez ceux qui ont moins de trois ans, sauf dans les cas où il y a présence d'une maladie physique ou mentale.

Vers l'âge de trois ans, l'enfant traverse une période durant laquelle il apprend à dire non et parfois même, à cet âge, il semble ne savoir dire que non. Cette phase, qui s'étend de trois à six ans, est primordiale à son développement, car elle lui permet d'affirmer sa personnalité et son autonomie. Normalement, la phase de négativisme se résorbe d'elle-même et l'enfant va de l'avant. Cependant, certains enfants y demeurent enfermés plus longtemps et le non prend alors des formes déguisées qui peuvent perdurer sur plusieurs années. Il en est ainsi de la passivité et de la paresse : ne rien faire, attendre ou toujours remettre au lendemain représentent des façons détournées de dire non sans affronter l'autre ouvertement. Ces attitudes, qui deviennent rapidement inacceptables, leur sont très utiles, entre autres pour exprimer la colère et attirer l'attention, et elles sont provoquées par des pensées inconscientes telles que :

- « Personne ne me fera faire ce que je n'ai pas envie de faire. »
- « Je sais que vous détestez me voir assis à perdre mon temps mais, ainsi, vous vous apercevez que j'existe. »
- « Allez ! Demandez-le-moi encore et encore. Pendant ce temps, vous vous occupez de moi. »
- « Si je ne fais rien, les gens sont moins exigeants envers moi. »

Il est important de réaliser que l'enfant qui fait montre de passivité ou de paresse ne vit pas. Il utilise ces modes de survie en réaction à une peur de la solitude et de l'abandon. Il sait que ces attitudes sont néfastes, car il se prive ainsi de nombreuses activités agréables et doit assumer les conséquences négatives associées à ses diverses formes de refus. Il faut lui donner un outil efficace pour exercer le contrôle sur cette partie rebelle qui l'habite.

Le perfectionnisme

L'enfant perfectionniste se sent obligé de tout réussir, d'être toujours bien mis et il est très exigeant envers lui-même. Il développe ainsi une impression de maîtrise sur lui-même et sur son environnement, ce qui lui apporte un sentiment de sécurité. Cependant, il est important de réaliser que le perfectionnisme s'avère la réponse à une forte anxiété, car il se retrouve chez un enfant qui a constamment l'impression d'être en danger et qui souffre d'une profonde insécurité. Par cette attitude exigeante, l'enfant recherche :

- un contrôle sur lui-même ;
- une maîtrise sur l'environnement ;
- une raison d'être ;
- l'approbation d'autrui ;
- l'estime de soi ;
- la preuve de son omnipotence.

Il est normal pour tout enfant de chercher à bien faire, à se montrer gentil et à désirer être apprécié par l'entourage. Il est simplement important qu'il réalise que personne n'est parfait, pas plus lui que n'importe qui d'autre. Pour obtenir ce résultat, il faut d'abord que les parents acceptent que leur enfant ne soit pas parfait et qu'il ne le sera jamais, dans aucun domaine de sa vie. Certains d'entre eux retirent une grande fierté de l'attitude perfectionniste de leur enfant et encouragent fortement celle-ci, y voyant un gage de réussite ultérieure et une preuve de leur propre capacité à créer la perfection. Ils doivent cependant se souvenir que le prix à payer, pour leur enfant, passe par une forte anxiété et un intense sentiment d'insécurité.

Il est relativement simple de convaincre un enfant de trois ou quatre ans que la perfection est impossible à atteindre, mais le travail s'avère parfois plus ardu chez un enfant plus âgé chez qui le credo du perfectionnisme est profondément ancré. Il comprend logiquement que la perfection est impossible à atteindre, mais la programmation affective demeure souvent rebelle face à sa pensée rationnelle. Il est important de lui permettre de déloger cette programmation rapidement afin qu'il puisse retrouver un sentiment de sécurité et entrer en confiance dans la vie.

L'égoïsme

L'égoïsme est une propension à s'occuper uniquement de ses propres besoins sans tenir compte de ceux des autres. Durant les deux premières années de vie, tous les jeunes enfants vivent sous le mode égoïste, car ils sont centrés sur eux et perçoivent les autres comme de simples prolongements d'eux-mêmes. Entre l'âge de deux et sept ans, l'enfant sort lentement de l'égocentrisme et prend conscience que le monde extérieur existe en soi, en dehors de lui-même. Les autres acquièrent une individualité qui les différencie de lui et en fait des êtres entiers ayant leurs besoins propres. Par divers apprentissages, l'enfant apprend l'importance de partager, d'être à l'écoute des besoins des autres, de leur faire plaisir et de démontrer de la gratitude. Il y découvre un plaisir ainsi qu'une certaine satisfaction.

Certains enfants parviennent difficilement à s'extraire de l'égocentrisme et demeurent enfermés dans un mode exclusif de satisfaction visant leurs besoins et leur désirs.

Selon leur vision de la vie, les personnes de l'entourage n'existent que pour satisfaire leurs attentes et ils n'éprouvent aucune empathie envers elle. Ils sont exigeants, souvent despotiques et parfois même tyranniques. Leur perception du monde et des autres se traduit par des pensées inconscientes telles que:

- «Les gens sont à mon service.»
- «Les autres doivent obligatoirement répondre à mes besoins et à mes désirs.»
- «Personne n'a le droit de prendre ce qui m'appartient.»
- «Ce qui appartient aux autres doit m'être cédé si tel est mon souhait.»
- «Il est normal de faire et d'obtenir ce que je veux dès que je le désire.»

Particulièrement avec la fréquentation scolaire, ces enfants parviennent à se conformer à certaines règles mais sans les accepter réellement, ce qui leur procure un sentiment prolongé de frustration qui leur rend la vie très difficile à affronter. Ils en viennent à comprendre logiquement que les autres ne sont pas à leur service, mais une partie d'eux continue de se rebeller devant cette évidence. Il est important de leur permettre d'exercer rapidement un contrôle sur cette partie récalcitrante afin qu'ils puissent vivre en concordance avec la réalité et s'assimiler sainement dans leur réseau familial et social.

La servilité

Au contraire des comportements égoïstes, certains enfants semblent prêts à tout pour être acceptés et aimés. Ils ne demandent jamais rien, offrent tout ce qu'ils possèdent, prennent peu de place, répondent affirmativement à toutes les demandes, acceptent des responsabilités qui ne leur appartiennent pas et sont toujours prêts à rendre service. Si l'on veut qu'ils restent des bébés le plus longtemps possible, ils le demeurent. Si, au contraire, on souhaite qu'ils soient «grands» avant l'âge, ils feront tout en leur possible pour agir de façon mature. Ces enfants sont réellement charmants mais... ils ne vivent pas. Ils se contentent d'exister et semblent reconnaissants qu'on leur permette de le faire :

- «Merci de me donner le droit d'être là.»
- «C'est gentil de votre part de vous occuper de moi.»
- «Je ferai tout en mon possible pour mériter l'amour et l'attention que vous me donnez.»

Cet enfant existe par procuration. Il a très peu conscience de sa valeur et ne s'accorde le droit à l'existence que par son aptitude à donner et à faire plaisir. On doit amener cet enfant à prendre conscience de ses propres besoins, à réaliser l'importance de prendre ceux-ci en compte et à comprendre que la vie et le bonheur sont des droits innés qui ne doivent pas être mérités.

Les comportements inadéquats : des mécanismes de protection

Que l'on parle de crises de colère et de rage, de bouderie, de manipulation, de servilité, d'hyperactivité, de perfectionnisme, d'agressivité, de violence, de passivité, de paresse ou d'égoïsme, tous les comportements inadéquats sont des mécanismes de protection que l'enfant utilise dans le but de se prémunir contre les dangers que représentent pour lui la solitude, l'impuissance, l'injustice et la souffrance.

Ces comportements parviennent à s'installer sur une base régulière parce qu'ils ont un jour démontré un certain potentiel d'immunisation contre la souffrance. Lorsqu'ils évitent à l'enfant un rejet, une déception, la solitude, un refus, une erreur, une critique ou un jugement, une croyance s'imprime dans son cerveau : tel comportement évite de souffrir. Si l'utilisation de ce comportement s'avère efficace à plusieurs reprises, la programmation se renforce et se transforme en réflexe.

Nous pouvons tenter d'expliquer à l'enfant de six ans et plus que ces comportements sont inappropriés et lui nuisent. Il le comprend très bien avec sa raison, mais le réflexe risque de demeurer le plus fort. Le seul moyen efficace et rapide de modifier un tel automatisme est d'en désamorcer le détonateur en l'aidant à exercer un contrôle sur la partie de lui qui se rebelle contre la raison.

L'exercice de l'enfant rebelle

Voyons maintenant un exercice très simple, mais extrêmement efficace, qui permet de redonner à un enfant de six ans et plus la maîtrise sur ses comportements inadéquats. Nous ne prenons pas le contrôle sur l'enfant, mais nous lui donnons plutôt l'opportunité de prendre lui-même le contrôle sur la partie de lui qui se rebelle à la raison.

Nous utiliserons ici le concept de « l'enfant rebelle » pour parler de ce côté de l'enfant demeuré à l'image d'un bébé qui panique lorsqu'il a peur de la solitude et de la souffrance et qui adopte des comportements inadéquats et rebelles à la logique.

« L'enfant rebelle » est donc cette partie de l'enfant qui agit sans tenir compte des autres, de l'environnement et des conséquences et qui répond directement au mode pulsionnel. Vers l'âge de six ou sept ans, l'enfant connaît les règles à respecter et les obligations qu'il doit remplir. Voici comment il peut utiliser sa logique pour éliminer les comportements inappropriés.

LE PROCÉDÉ À SUIVRE

Prendre quelques minutes seul avec l'enfant qui présente des troubles du comportement et lui parler doucement en utilisant son prénom.

Exemple

« Tu vois, c'est comme s'il y avait en toi un bébé gâté qui fait toujours ce qu'il veut sans tenir compte des conséquences. C'est ce petit Éric bébé gâté de trois ans qui cause des problèmes et c'est toi, le grand Éric de sept ans qui récolte la punition.»

Dans l'esprit des enfants, la notion de rébellion a peu de résonance. Nous utiliserons plutôt l'expression «bébé gâté», qu'il connaît comme référant à l'image de l'enfant exigeant et intransigeant.

Ce début d'intervention sert deux objectifs. Premièrement, il permet à l'enfant de faire la différence entre sa valeur intrinsèque et les comportements qu'il produit. Il n'est pas une personne méchante parce qu'il a agi méchamment. Cependant, il demeure conscient qu'il a fait des gestes inadéquats, conservant ainsi la responsabilité de ses gestes ou paroles. Deuxièmement, il peut dès lors établir une démarcation entre sa partie émotive pulsionnelle (le petit) et sa partie logique (le grand), cette dernière étant appelée à exercer le contrôle sur les pulsions.

Il faut parfois insister quelque peu pour que l'enfant accepte notre suggestion, mais dès qu'il le fait, nous poursuivons l'exercice.

Exemple

«J'aimerais que tu imagines ce petit Éric de trois ans bébé gâté qui te cause autant d'embêtements. Peux-tu me le décrire?»

Nous désignons les comportements inadéquats.

Exemple

« C'est ce petit Éric bébé gâté de trois ans qui fait des crises, qui bouge continuellement, qui boude, qui refuse d'obéir, de partager ses jouets, etc., et qui te place régulièrement en situation difficile. »

À cette étape, la démarcation est faite entre l'entité de l'enfant et la partie rebelle qui l'habite. Nous pouvons lui offrir une solution.

Exemple

« Si tu en as assez de toujours payer pour les gestes que fait ce bébé gâté, tu peux l'empêcher de continuer. »

La solution la plus efficace consiste à suggérer à l'enfant d'imaginer qu'il envoie le bébé gâté réfléchir.

Exemple

« J'aimerais que tu l'envoies réfléchir dans sa chambre, seul, sans livre, ni jeu, ni télévision, ni ordinateur. »

Dès que l'enfant effectue cette opération, il devient plus calme. Il a repris le pouvoir sur ses pulsions et se sent plus en contrôle.

Exemple

« C'est le grand Éric de sept ans qui décide dorénavant. Lorsque tu auras à nouveau envie de te mettre en colère ou de causer un problème quelconque, pense immédiatement à ce bébé gâté et envoie-le réfléchir. »

Cet exercice peut être utilisé par les parents, les enseignants ou tout adulte qui doit intervenir auprès d'un enfant qui présente des troubles du comportement. Lorsqu'il a été effectué efficacement, les interventions ultérieures deviennent de simples rappels.

Exemple

« Hé ! Je crois bien que le petit Éric bébé gâté de trois ans s'apprête à causer des problèmes et que c'est encore le grand Éric de sept ans qui va payer. Tu ferais sans doute mieux de l'envoyer réfléchir. »

Cette simple allusion suffit habituellement à enrayer le comportement, car l'enfant prend immédiatement le contrôle de la pulsion qui l'habite et cette dernière s'estompe lentement après quelques interventions du genre. En dominant ses comportements inappropriés, l'enfant retrouve une sensation de solidité et de sécurité qui atténue puis fait disparaître son anxiété.

Chapitre 9

Les traumatismes chez l'enfant

Certains traumatismes déclenchent chez les enfants une vive anxiété parce qu'ils leur font perdre les repères et les balises qui jalonnaient leur vie jusque-là. Parmi les événements qui possèdent ce pouvoir destructeur, on trouve, entre autres, les agressions physiques, verbales et sexuelles, les accidents de la route, les incendies, le décès d'un proche et le déplacement hors du foyer familial. Peu importe l'âge atteint, lorsque de tels événements se produisent, l'enfant perd le contact avec les certitudes inconscientes qui l'habitaient jusqu'alors et qui lui procuraient une sensation de solidité et un sentiment de sécurité :

- « Les gens sont gentils. »
- « Je suis protégé. »

- «Mes parents sont forts et seront toujours là pour me protéger.»
- «Si je fais attention, je ne serai jamais seul.»
- «J'ai du contrôle sur la vie et les gens.»

Au moment d'un grave traumatisme, l'enfant éprouve d'intenses sentiments de solitude, d'impuissance et d'incompréhension, un peu comme si le monde qu'il avait connu jusqu'à ce jour s'écroulait et qu'il se trouvait soudainement devant un vide. Sa confiance envers la vie, les gens et lui-même est alors fortement ébranlée.

La plupart des enfants sont dotés d'une bonne résistance aux chocs et, avec un peu d'aide extérieure, ils parviennent à reprendre pied rapidement, à trouver de nouveaux repères et à développer de nouvelles balises de fonctionnement. Les effets traumatiques s'estompent et l'événement perd sa connotation dramatique. D'autres n'ont pas cette capacité de résilience et conservent diverses perturbations subséquentes, entre autres une hypersensibilité, des troubles du sommeil, une forte anxiété et une insécurité persistante. Chez ces enfants, le traumatisme a provoqué une sensation de mort de l'âme, une impression d'avoir basculé dans le néant et de ne plus savoir comment s'en extraire.

Chez les enfants de moins de six ans, une intervention visant à rassurer l'enfant et à lui prouver qu'il n'est pas seul suffit souvent à le sortir de cette sensation de vide. Après quelques semaines, il reprend habituellement pied et les symptômes post-traumatiques disparaissent. Chez l'enfant plus âgé, ces symptômes peuvent se montrer plus persistants et l'anxiété devenir très invalidante. Sa logique lui démontre qu'il n'est pas seul, qu'il évolue dans un milieu sécuritaire et qu'il est bien vivant, mais la sensation de désespoir qu'il a ressentie au moment du traumatisme s'est profondément ancrée dans son système émotif et lui fait craindre de revivre un jour cette sensation atroce de mort de l'âme, de grand vide. Les interventions extérieures qui visent à rassurer l'enfant par des argumentations rationnelles ont peu d'impact et doivent se poursuivre à long terme. Il faut plutôt intervenir sur le plan émotif, afin de le soustraire à la sensation de vide et lui redonner un sentiment d'emprise sur la réalité.

Faire disparaître la sensation de vide

L'exercice qui suit est efficace chez tous les enfants de plus de six ans qui sont aux prises avec l'anxiété, car il vise directement à faire disparaître la sensation de vide qui sous-tend cette dernière et permet la reprogrammation rapide d'un sentiment de sécurité. Lors d'un traumatisme sévère, l'enfant a l'impression que le monde s'ouvre sous ses pieds, qu'il n'a plus rien de sûr auquel se rattacher. Il a besoin de retrouver un point d'ancrage solide et c'est ce que nous allons maintenant lui proposer par une activité appropriée qui utilise le dessin comme outil de programmation.

LE PROCÉDÉ À SUIVRE

- Nous demandons à l'enfant de dessiner une route en imaginant qu'il s'y trouve et qu'il regarde vers l'avant. (Il choisit le genre de route qu'il désire ainsi que le décor qu'il souhaite.)
- Lorsque ce dessin est terminé, nous lui demandons d'imaginer qu'il y a eu un problème, qu'il s'est produit un effondrement qui a créé un gros trou et que celui-ci coupe la route, juste devant lui. Nous lui suggérons d'ajouter ce trou à son dessin.
- Par la suite, nous lui faisons remarquer que c'est triste de voir une route sur laquelle il est impossible d'avancer et qu'il serait bien de la réparer pour avoir la possibilité de l'utiliser à nouveau.
- Nous lui suggérons de réparer cette route et de faire disparaître ce trou (peu importe que l'enfant décide de dessiner des camions ou de la machinerie, qu'il efface simplement le trou qu'il avait précédemment ajouté ou qu'il le recouvre avec d'autres couleurs, le seul point important est qu'il considère ensuite que le trou est réparé). Il peut également prendre une nouvelle feuille de papier et redessiner la route après qu'elle a été refaite.
- S'il déclare que le trou est vraiment trop gros pour être réparé, nous pouvons lui proposer de dessiner un pont qui permet de passer par-dessus le trou.
- Nous lui demandons de vérifier si le nouveau passage est solide et résistant. Au besoin, il ajoute quelques modifications pour que le tout soit très sécuritaire.

L'important, dans cet exercice, est que l'enfant considère qu'il peut désormais continuer à avancer, qu'il n'est plus emprisonné derrière une faille. Ce qu'il ignore et qu'il n'a pas besoin de savoir, c'est que le trou dans la route est la représentation exacte de la cassure qui s'est produite dans sa vie lors du traumatisme subi. En effectuant cet exercice de dessin, il se redonne le pouvoir d'avancer à nouveau, de recommencer à vivre et il le fait.

Chez les enfants de 10 à 12 ans qui possèdent une meilleure capacité d'abstraction, nous pouvons utiliser ce même exercice en employant la visualisation plutôt que le dessin.

Chapitre 10

La timidité chez l'enfant

La timidité constitue un manque d'assurance dans les relations qu'une personne a avec les autres. Elle se traduit par des attitudes de crainte, de manque d'assurance et de gêne excessive ainsi que par diverses manifestations physiques et psychologiques : transpiration excessive, tremblements, rougissement, sensation d'étouffer, bégaiement, voix presque inaudible et maladresses gestuelles.

Une certaine retenue est naturelle chez les enfants parce qu'ils doivent apprendre à évaluer les autres, à se soumettre à leur jugement et à leur faire confiance. Cette retenue peut cependant devenir handicapante lorsqu'elle se transforme en timidité chronique et généralisée qui conduit l'enfant à diverses formes d'évitement :

- refuser de sortir de la maison ;
- s'empêcher de poser des questions ;
- se priver de jouer avec les autres enfants ;
- détourner constamment le regard ;
- parler d'une voix si basse qu'on l'entend à peine ;
- être incapable d'exprimer des demandes ;
- développer divers troubles de la communication.

L'enfant timide a très peur des autres et du jugement qu'ils peuvent porter sur lui. Il a peu d'estime de soi et ne réalise pas qu'il possède une personnalité qui lui est propre. Il semble n'exister qu'à travers le regard des autres. Une telle situation est effrayante car, à ses yeux, si les autres le rejettent, il n'est plus rien. C'est là sa peur fondamentale.

Les origines de la timidité

La timidité chronique se trouve tant chez les enfants trop chouchoutés que chez ceux qui ont souffert de carence affective. L'enfant qui vit dans un contexte familial très protégé peut développer l'impression qu'il n'a pas d'existence en dehors de l'amour qu'on lui porte. Il vit dans une forme de cocon, protégé des dangers extérieurs. Il n'apprend pas à jauger les autres et à évaluer sa capacité à composer avec eux. À l'opposé, l'enfant qui est privé d'affection et de compréhension ou qui évolue dans un milieu familial conflictuel peut lui aussi développer une forte timidité. Il développe la mésestime de soi et craint que les autres s'aperçoivent de son peu de valeur. Il préfère éviter leur regard, car il ne veut pas risquer d'y voir une confirmation de ce qu'il pense de lui-même.

La timidité n'est pas héréditaire. On la rencontre souvent chez les enfants de parents eux-mêmes timides, mais la transmission se fait alors par l'exemple et non par code génétique. Le jeune reproduit simplement la méfiance à l'égard d'autrui, qu'il observe chez le parent.

La timidité morbide

La timidité devient maladive lorsqu'elle paralyse l'enfant et l'empêche de vivre normalement. Celui-ci survit alors à l'intérieur d'un cadre de peur et d'insécurité dans lequel il n'a pas un réel sentiment d'identité et est profondément insatisfait de lui-même. L'isolement dans lequel il se confine et le rejet que cette attitude provoque augmentent sa mésestime de soi. Il est emprisonné dans un cercle vicieux.

Ce qui s'avère à la base une simple timidité peut conduire un enfant à des problématiques anxieuses plus graves, dont des troubles du langage et de l'apprentissage, la phobie sociale, la phobie scolaire et la dépression.

La timidité qui persiste risque de handicaper à long terme la vie de l'enfant, car elle se répercutera plus tard sur ses études ainsi que sur sa vie professionnelle et amoureuse.

Soigner la timidité morbide

Pour aider efficacement un enfant, il faut comprendre que derrière sa timidité se trouve toujours la peur du jugement d'autrui. Peu importe de quelle manière la timidité se traduit ou les causes qui ont mené à celle-ci, cette peur est l'élément essentiel sur lequel nous devons travailler pour obtenir des résultats rapides et probants.

Nous devons premièrement l'amener à reconnaître les peurs liées à son problème. Pour permettre à l'enfant de prendre conscience de ses peurs, nous pouvons utiliser des phrases clés comme celles qui suivent:

- «Est-ce qu'il arrive que les enfants soient méchants envers toi?»
- «As-tu l'impression que les gens se moquent parfois de toi?»
- «Hésites-tu quelquefois à poser des questions?»
- «Est-ce qu'il t'arrive de t'empêcher de demander quelque chose dont tu as envie?»
- «As-tu peur que certaines personnes ne t'aiment pas?»

Ces questions permettent de cibler des peurs comme celles d'être rejeté, de souffrir, d'être ridiculisé ou de paraître incompétent. Lorsque ces craintes sont établies, nous pouvons aider l'enfant à s'en défaire grâce à l'exercice qui est proposé dans le chapitre qui traite des peurs (voir à la page 41).

Si la timidité a pris une forme morbide et qu'elle s'est généralisée, nous pouvons lui permettre d'effectuer un travail de fond en utilisant l'exercice de la route présenté dans le chapitre précédent.

Chapitre 11

Le sommeil et l'enfant

L'enfant qui vit un sentiment de sécurité accepte facilement de se laisser glisser dans le sommeil lorsqu'il en ressent le besoin. Cependant, lorsqu'il est inquiet, il peut résister à la fatigue, se relever plusieurs fois, effectuer des demandes à répétition et autres subterfuges qui visent tous à retarder le moment de dormir. Lorsque l'anxiété se manifeste intensément, il importe d'utiliser des outils appropriés, comme celui qui consiste à déterminer les peurs et à s'en défaire ou, chez les enfants âgés de plus de six ans, d'utiliser l'exercice d'imagerie proposé dans ce chapitre.

Cependant, il existe des éléments qui permettent de faciliter le sommeil chez tous les enfants, qui leur procurent un certain sentiment de sécurité et qui permettent de calmer en partie leurs inquiétudes.

Aider l'enfant à mieux dormir

Il existe un certain nombre de règles qui facilitent un meilleur sommeil chez l'enfant et qui lui permettent de profiter pleinement de celui-ci pour récupérer toute cette énergie qu'il dépense durant les heures de veille.

- L'aviser à l'avance qu'il va aller au lit dans 5 ou 10 minutes, afin qu'il ait le temps de se faire à cette idée. Il faut agir de manière cohérente et constante. Si on lui dit qu'il va aller au lit dans 10 minutes, on n'attend pas 30 minutes avant de passer aux actes.
- Durant cette période, on l'amène lentement dans des activités plus calmes, comme la lecture d'une histoire ou une courte séance de câlins. Quand c'est possible, on répète le même scénario avant chaque coucher, c'est-à-dire aux mêmes heures et avec les mêmes activités calmantes, car l'enfant se sent en sécurité dans des habitudes qu'il connaît.
- Au moment d'aller au lit, on peut établir avec lui un petit rituel, comme faire d'abord une tournée de ses peluches afin de les embrasser et de leur souhaiter une bonne nuit, le mettre au lit, lui apporter sa couverture favorite (sa doudou), l'embrasser, lui dire qu'il y aura quelqu'un pour l'accueillir à son réveil et éteindre ensuite la lumière.
- Il est important que l'enfant associe le lit à un endroit pour dormir et non à une aire de jeu ou à un lieu de punition. Il doit également apprendre que le canapé du salon ou les bras des parents ne sont pas des lieux pour s'endormir.

Amener l'enfant à accepter un tel rituel demande parfois une certaine fermeté, de la persévérance et quelques soirées de patience, mais tout cela sera rapidement récompensé. Tant les parents que les enfants y trouvent leur compte : les petits développent un sentiment de sécurité face au sommeil, alors que les parents trouvent du répit lorsque l'enfant est endormi.

Diminuer l'anxiété liée au sommeil

Au moment du coucher, le jeune enfant de deux à cinq ans exprime ses inquiétudes plus profondes par une peur des monstres ou la crainte qu'un voleur ou un méchant entre dans la maison pendant la nuit. Il manifeste ainsi son impression d'être en danger.

Les dangers inconscients auxquels l'enfant croit sont principalement :

- de se volatiliser pendant son sommeil ;
- de se retrouver dans le vide ;
- de voir ses parents disparaître et de se retrouver seul au réveil.

Avant l'âge de six ans, il est trop jeune pour que les arguments rationnels aient une emprise sur lui. Nous devons donc travailler directement sur la forme que prend la peur (le plus souvent les monstres) avec des jeux de rôles ou le dessin, comme nous l'avons vu dans le chapitre qui traite des peurs.

Les enfants de six ans et plus savent que les monstres n'existent pas et qu'une bonne vigilance empêche les intrus de pénétrer dans la maison. Comme la logique a commencé à prendre place, ils n'ont plus accès à ces prétextes irraisonnés pour définir leurs craintes. Ils peuvent cependant conserver les peurs inconscientes de mourir et de se retrouver seuls, mais sans être capables de les désigner clairement.

Chez les enfants plus âgés, le trouble du sommeil se traduit souvent par une incapacité à s'endormir due au fait que des pensées l'assaillent constamment et qu'il ne parvient pas à calmer son esprit. On peut l'aider à ralentir sa pensée en lui présentant l'exercice suivant.

Le bouillonnement d'idées

Cet exercice vise à diminuer l'agitation dans la pensée de l'enfant au moment du coucher, alors qu'il est trop surexcité pour dormir.

LE PROCÉDÉ À SUIVRE

- Cet exercice s'effectue lorsque l'enfant est couché et se plaint d'être incapable de dormir. Nous nous installons près de lui.
- Nous expliquons à l'enfant que la difficulté provient du fait qu'il y a trop d'idées qui trottent dans sa tête et qu'il faut prendre un moyen pour empêcher ces pensées de continuer.
- Nous lui demandons d'imaginer une cuisinière sur laquelle se trouve une marmite qui bouillonne fortement.

- Nous l'amenons à déterminer une à une les pensées qui lui viennent et chaque fois, nous lui suggérons de placer cette pensée dans la marmite. La pensée commence alors à bouillir elle aussi.
- Lorsque toutes les pensées sont dans la marmite, nous lui demandons d'imaginer qu'il place un couvercle sur celle-ci et qu'il éteint le rond de la cuisinière.
- Nous lui disons que le bouillonnement se calme et... lui-même se calme.
- Il peut dormir.

Chapitre 12

L'estime de soi

L'estime de soi est la valeur que nous nous accordons en tant que personne et elle se fonde sur la perception que nous avons de nous-mêmes.

Au point de départ, l'enfant ne possède pas d'image de lui-même et n'a aucune conscience de sa valeur. C'est par l'attention et l'amour que lui portent les personnes significatives pour lui qu'il apprend à se voir. S'il se sent aimé, il apprend qu'il est important et, si le contraire se produit, il se perçoit comme sans valeur. Il commence par la suite à développer le sentiment d'être compétent. Il s'oppose, s'affirme, cherche à effectuer des choix personnels et développe diverses habiletés. Lorsque les personnes qui l'entourent le confortent positivement dans ses tentatives, il construit la croyance en sa capacité, en sa compétence.

Il n'existe pas de recette toute faite pour permettre à un enfant de développer une juste estime de soi parce que celle-ci est tributaire de la perception que chaque parent a de lui-même, des attentes qu'il possède envers l'enfant et du tempérament de ce dernier. Celui qui a une bonne estime de soi a bénéficié d'un bon dosage d'amour, d'apprentissage de l'autonomie, d'encouragement et d'encadrement.

Les désordres sur le plan de l'estime de soi

L'estime de soi se mesure par deux composantes, soit la valeur en tant que personne et la compétence développée. Chez les enfants qui possèdent une bonne estime de soi, les deux éléments cohabitent de manière équilibrée. Les enfants qui ont une piètre estime d'eux-mêmes s'accordent peu de valeur et ont de la difficulté à reconnaître leur compétence. Entre les deux, plusieurs ont une vision de soi partagée : ils manifestent de l'estime par rapport à l'une des composantes et de la mésestime par rapport à l'autre.

L'amour qu'un enfant obtient de ses proches joue un rôle important dans l'acquisition de l'estime de soi, mais il n'est pas seul en cause. L'enfant qui reçoit de l'amour de son entourage se perçoit comme important et développe habituellement une bonne conscience de sa valeur. Cependant, s'il est surprotégé, il ne peut développer son autonomie et risque de mettre en doute ses capacités. Cet enfant possède alors une bonne estime de soi sur le plan de sa valeur, mais une faible perception de ses compétences. Si, au contraire, on le pousse toujours vers la performance, exigeant de lui hardiesse et débrouillardise, il peut développer la croyance qu'il n'a d'importance qu'à travers les deux critères de réussite et de perfection, sa valeur devenant alors tributaire de ses performances. L'estime qu'il a de lui-même oscille alors entre le meilleur et le pire, selon les résultats qu'il obtient.

Pour sa part, l'enfant qui reçoit peu d'amour de son entourage risque de développer la croyance qu'il n'est pas important et qu'il n'a pas de valeur en tant que personne. Si, en plus, on lui fait sentir qu'il est nul et incompétent, s'y ajoute la certitude d'être un incapable, d'où une mésestime de soi globale. Par ailleurs, si on l'encourage dans la recherche de performance, il peut se valoriser dans la réussite et développer une conscience de sa compétence, même s'il s'accorde peu de valeur en tant que personne.

Restaurer l'estime de soi chez l'enfant

L'apprentissage de l'estime de soi se fait de zéro à six ans, mais tout n'est pas joué pour autant lorsque cette limite d'âge est atteinte. Ainsi, l'enfant de plus de six ans qui n'a pas développé cette estime de lui-même n'est pas condamné à la mésestime de soi pour la vie. Il est désormais propriétaire d'un esprit logique qui, même s'il est encore fragmentaire, est existant et bien présent.

Un exercice approprié aux enfants de plus de six ans permet de déloger les fausses croyances qu'ils ont développées relativement à leur valeur et à leur compétence et de les amener à une vision plus réaliste d'eux-mêmes. Cette activité peut être engendrée par les parents et appliquée à leurs propres petits tout comme elle peut devenir un excellent soutien aux enseignants et à ceux qui interviennent individuellement ou en groupe auprès des enfants.

LE PROCÉDÉ À SUIVRE

Utiliser un grand carton et préparer un tableau contenant le nom de l'enfant et 20 cases représentant des jours numérotées de 1 à 20.

Exemples

Tableau individuel

Nom de l'enfant				
Jour 1	Jour 2	Jour 3	Jour 4	Jour 5
Jour 6	Jour 7	Jour 8	Jour 9	Jour 10
Jour 11	Jour 12	Jour 13	Jour 14	Jour 15
Jour 16	Jour 17	Jour 18	Jour 19	Jour 20

Tableau de groupe

	Nom de l'enfant	Nom de l'enfant	Nom de l'enfant	Nom de l'enfant
Jour 1				
Jour 2				
Jour 3				

Jour 4				
Jour 5				
Jour 6				
Jour 7				
Jour 8				
Jour 9				
Jour 10				
Jour 11				
Jour 12				
Jour 13				
Jour 14				
Jour 15				
Jour 16				
Jour 17				
Jour 18				
Jour 19				
Jour 20				

Chaque jour, l'enfant détermine une de ses qualités et l'écrit sur le tableau. Les enfants qui n'ont pas d'estime de soi et ceux qui sont perfectionnistes peuvent avoir de la difficulté à les reconnaître. L'adulte responsable peut alors leur en suggérer au besoin tout en leur mentionnant que le fait d'être doté d'une qualité ne signifie pas qu'ils sont parfaits en ce domaine mais que, la plupart du temps, ils sont ainsi.

L'exercice se poursuit pendant 20 jours et l'enfant apprend ainsi à reconnaître chez lui 20 éléments qui viennent lui démontrer sa valeur et sa compétence. Le fait d'étirer l'exercice sur une vingtaine de jours donne au cerveau de l'enfant le temps d'intégrer les nouvelles données et de déprogrammer les fausses croyances du passé.

Au besoin, on peut consulter la petite liste qui suit pour compléter l'identification des qualités que les enfants ont déjà reconnues.

Petite liste de qualités

Affectueux	Débrouillard	Généreux	Persévérant
Aimable	Déterminé	Gentil	Poli
Aimant apprendre	Discret	Habile	Respectueux
Amical	Doux	Honnête	Responsable
Appliqué	Drôle	Imaginatif	Rieur
Audacieux	Endurant	Intelligent	Serviable
Bon	Facile à vivre	Inventif	Sincère
Créatif	Fonceur	Obéissant	Sociable
Consciencieux	Franc	Patient	Sympathique

Voilà donc une façon simple de réparer les dommages qui ont été créés quant à l'estime de soi d'un enfant, peu importe les motifs qui ont contribué à cet état de fait. Un enfant qui est conscient de sa valeur et de sa compétence possède une assurance de base qui diminue de beaucoup l'inquiétude et par là même, une possible anxiété.

Conclusion

Nos enfants sont ceux dont nous sommes les parents et, également, tous ces petits dont nous sommes responsables en tant que société. Pour diverses raisons, les problématiques anxieuses prolifèrent chez les enfants et nous sommes mal outillés pour faire face à l'épidémie. Les recours disponibles sont rares et passent le plus souvent par la médication et ses nombreux effets secondaires, par la thérapie psychologique qui peut s'avérer longue et onéreuse et, presque toujours, par la culpabilisation des parents.

Les règles de base pour diminuer l'inquiétude chez les enfants consistent à leur offrir un environnement sécuritaire et sécurisant ainsi qu'un encadrement qui allie constance, prévisibilité et douceur. L'enfant qui se sent en sécurité a peu de motifs d'inquiétude. Dans un monde idéal, les enfants ne devraient jamais avoir à affronter l'anxiété et, ainsi, tous les gens seraient heureux. Tous vivraient dans la paix et la sérénité. Mais voilà, le monde dans lequel nous évoluons ne répond pas aux critères de l'idéalisme. D'un côté, il est absolument magnifique, luxuriant et empli d'amour. De l'autre, il est teinté d'individualisme, de matérialisme, de recherche de performance, de violence, de méchanceté et d'incertitudes.

Nos enfants doivent composer avec ce monde imparfait et développer leur propre sentiment d'identité et de sécurité. Il leur faut apprendre à se protéger et à se défendre, à faire des compromis, à développer la confiance en eux-mêmes et dans les autres, à reconnaître les limites, à se créer des repères de fonctionnement et à acquérir une certaine forme d'autonomie. Certains parviennent à effectuer cette difficile progression sans trop de problèmes et vivent sereinement, alors que d'autres demeurent emprisonnés dans des peurs occasionnées par des sentiments d'impuissance, d'incompréhension et d'injustice. Dans cette seconde catégorie se trouvent les enfants anxieux qui se sentent démunis devant les difficultés et les dangers et qui ne parviennent pas à intérioriser les limites et les repères de fonctionnement. Ils sont incapables d'affirmer leur autonomie et demeurent dépendants de la présence d'autrui. Ils ont l'impression de ne pouvoir affronter seuls un monde qui leur paraît menaçant, ce qui les amène à craindre constamment de perdre la présence des êtres qui les rassurent.

Cela dit, il serait illusoire de chercher à comprendre plus avant tous les tenants et aboutissants qui mènent à l'anxiété chez les enfants. Cette dernière existe et même avec la meilleure volonté du monde, il n'est pas toujours possible de l'éviter aux petits. Il est donc important de reconnaître son existence et de se doter d'outils efficaces pour la contrer lorsqu'elle se manifeste.

L'enfant qui ne parvient pas à éradiquer les racines de son anxiété risque de la voir se perpétuer pendant de nombreuses années quand ce n'est pas toute sa vie durant. Elle pourra probablement se calmer durant certaines périodes pour réapparaître sournoisement sous d'autres formes et à d'autres moments.

La médication utilisée pour contrer l'anxiété chez les enfants ne s'attaque pas aux racines du mal. Elle endort simplement la plante et calme partiellement l'inquiétude des parents qui ont ainsi l'impression de faire quelque chose de concret pour aider leur enfant. Nous sommes à l'ère de la restauration rapide et cette tendance à utiliser la médication psychotrope avec les enfants s'insère bien dans cette croyance que tout doit se faire rapidement et sans trop d'effort, peu importe les conséquences négatives qui peuvent apparaître à long terme. L'enfant qui «dort» ne ressent pas l'inquiétude, mais il faut savoir que s'il somnole continuellement, il est en état de survie et n'apprend pas à affronter la vie.

L'autre choix offert aux parents est la thérapie psychologique de type cognitivo-comportementale (TCC) qui vise à changer, chez l'enfant, les divers comportements inadéquats dérivant de la présence d'anxiété. Chez l'enfant de moins de cinq ans, l'accent est mis particulièrement sur la capacité d'intervention parentale concernant l'encadrement de leur petit. Chez les enfants plus âgés, l'opération consiste à travailler plus directement avec eux afin de les aider à changer les pensées irrationnelles qui sous-tendent le comportement. Cette forme de thérapie donne souvent de bons résultats concernant la modification des comportements inappropriés. Cependant, elle possède deux faiblesses majeures. Premièrement, elle demande beaucoup d'efforts et de temps tant de la part des parents que de celle de l'enfant, car ce type d'intervention s'étend sur plusieurs mois et implique un travail et une constance assidus. Deuxièmement, la TCC permet souvent de redresser la plante qui poussait de travers, mais elle ne s'attarde pas aux racines qui ont engendré le défaut de croissance. Elle ne règle pas la source anxieuse qui risque de se manifester ultérieurement sous la forme d'autres comportements inappropriés.

L'importance des symptômes liés à l'anxiété réside dans leur aptitude à nous faire savoir qu'il existe un problème plus profond. Endormir ces symptômes ou chercher simplement à les faire disparaître équivaut à se boucher les oreilles devant les appels à l'aide d'un enfant. Le premier objectif poursuivi par le présent ouvrage est de nous rendre apte à décoder le sens profond des problématiques anxieuses afin d'entendre réellement les messages que l'enfant nous transmet par celles-ci. Vient ensuite un désir de nous doter d'outils simples et facilement applicables qui nous permettent d'avoir enfin une bonne emprise sur l'anxiété qui attaque nos enfants et qui nous rend parfois si impuissants.

Au fil des démonstrations présentées dans ce livre, nous avons pu voir les symptômes de l'anxiété chez les enfants, les croyances qui la sous-tendent ainsi que les désordres et les comportements inadéquats qui en découlent. Peut-être avez-vous remarqué que certains d'entre eux se trouvent chez vous ou chez des adultes de votre entourage. C'est là une situation normale puisque toute anxiété dont les racines n'ont pas été éradiquées demeure et se développe, basée sur les mêmes fausses croyances et provoquant les mêmes conséquences comportementales chez l'adulte que chez les enfants, sauf que ces conséquences sont souvent aggravées et très difficiles à contrôler.

C'est un très beau cadeau à offrir à nos enfants que de les libérer immédiatement de l'inquiétude qui les ronge afin qu'ils puissent vivre pleinement les belles années qui se profilent devant eux. Nous avons dorénavant les moyens de leur procurer ce bienfait qui agrémentera leur présent et leur garantira un meilleur avenir.

Table des matières

MARQUIS

Québec, Canada

RECYCLÉ
Papier fait à partir de matériaux recyclés
FSC® C103567

Imprimé sur du papier Enviro 100% postconsommation
traité sans chlore, accrédité ÉcoLogo et fait à partir de biogaz.

100%

PERMANENT